中华人民共和国行业标准

公路隧道养护技术规范

Technical Specifications of Maintenance for Highway Tunnel

JTG H12—2015

主编单位：重庆市交通委员会
批准部门：中华人民共和国交通运输部
实施日期：2015 年 03 月 01 日

人民交通出版社股份有限公司

图书在版编目（CIP）数据

公路隧道养护技术规范：JTG H12—2015／重庆市交通委员会主编．—北京：人民交通出版社股份有限公司，2015.3

ISBN 978-7-114-12062-6

Ⅰ．①公… Ⅱ．①重… Ⅲ．①公路隧道—隧道维护—技术规范 Ⅳ．①U459.2-65

中国版本图书馆 CIP 数据核字（2015）第 030313 号

标准类型：**中华人民共和国行业标准**
标准名称：**公路隧道养护技术规范**
标准编号：**JTG H12—2015**
主编单位：重庆市交通委员会
责任编辑：李　农
出版发行：人民交通出版社股份有限公司
地　　址：（100011）北京市朝阳区安定门外外馆斜街 3 号
网　　址：http://www.ccpcl.com.cn
销售电话：（010）85285857
总 经 销：人民交通出版社股份有限公司发行部
经　　销：各地新华书店
印　　刷：北京市密东印刷有限公司
开　　本：880×1230　1/16
印　　张：6.5
字　　数：144 千
版　　次：2015 年 3 月　第 1 版
印　　次：2024 年 12 月　第 9 次印刷
书　　号：ISBN 978-7-114-12062-6
定　　价：60.00 元

（有印刷、装订质量问题的图书，由本公司负责调换）

中华人民共和国交通运输部

公 告

第4号

交通运输部关于发布
《公路隧道养护技术规范》的公告

现发布《公路隧道养护技术规范》(JTG H12—2015),作为公路工程行业标准,自 2015 年 3 月 1 日起施行,原《公路隧道养护技术规范》(JTG H12—2003)同时废止。

《公路隧道养护技术规范》(JTG H12—2015)管理权和解释权归交通运输部,日常解释和管理工作由主编单位重庆市交通委员会负责。

请各有关单位注意在实践中总结经验,及时将发现的问题和修改意见函告重庆市交通委员会(地址:重庆市渝北区龙溪红锦大道20号,邮编:401147),以便修订时研用。

特此公告。

中华人民共和国交通运输部
2015 年 1 月 16 日

交通运输部办公厅　　　　　　　　　　　　　　　　2015 年 1 月 19 日印发

前　言

根据交通运输部厅公路字〔2011〕115号文《关于下达2011年度公路工程标准制修订项目计划的通知》的要求，由重庆市交通委员会作为主编单位承担《公路隧道养护技术规范》（JTG H12—2003）的修订工作。

近十余年来，我国大量公路隧道投入运营，积累了较为丰富的养护管理经验。编写组通过对隧道集中省份的行业主管部门、建设单位、运营单位和检测机构的调研，对原规范进行了全面修订。

本规范包括8章和4个附录，即：1 总则、2 术语和符号、3 养护等级与技术状况评定、4 土建结构、5 机电设施、6 其他工程设施、7 安全管理、8 技术管理、附录A 土建结构检查记录表、附录B 土建结构技术状况评定标准、附录C 机电设施技术状况评定及检查记录表、附录D 其他工程设施技术状况评定表。本次主要修订内容如下：

（1）提出了隧道养护等级分级方法；

（2）按照养护等级，对清洁频率和检查频率进行了调整；

（3）在原有判定方法基础上，提出了公路隧道技术状况评定方法，包括隧道土建结构、机电设施、其他工程设施和总体评定；

（4）对隧道土建结构的保养维修和病害处治方法做了补充完善；

（5）补充完善了机电设施养护工作内容；

（6）对应急安全管理进行了规定；

（7）增加了技术管理章节。

请各有关单位在执行过程中，将发现的问题与意见，函告本规范日常管理组，联系人：林志（地址：重庆市南岸区学府大道33号，招商局重庆交通科研设计院有限公司；邮政编码：400067；电话：023-62653050；传真：023-62653128；邮箱：106829864@qq.com），以便修订时参考。

主　编　单　位：重庆市交通委员会

参　编　单　位：招商局重庆交通科研设计院有限公司
　　　　　　　　　重庆高速公路集团有限公司
　　　　　　　　　重庆成渝高速公路有限公司
　　　　　　　　　重庆市交通规划勘察设计院

主　　　　　编：乔　墩

主要参编人员：蒋树屏　林　志　李关寿　郝　祎　蒙　华

	李海鹰	张 琦	王卫平	吴志辉	刘 伟	
	涂 耘	刘海京	肖了林			

主　　　　审：李玉文

参与审查人员：王华牢　韩文元　韩常领　李玉文　夏才初　胡雪峰
　　　　　　　王 辉　杜 伟　赵之胜　郑求才　李 威　李 强
　　　　　　　祝存芳　肖益民　李海清　谢玉田　张 洋　李海军
　　　　　　　刘玉新　唐 颖　许宏科

参 加 人 员：钟明全　吴梦军　刘凤娟　刘永华　谢 峰　王少飞

目 次

- 1 总则 ·· 1
- 2 术语和符号 ·· 2
  - 2.1 术语 ·· 2
  - 2.2 符号 ·· 2
- 3 养护等级与技术状况评定 ·· 4
  - 3.1 养护等级 ·· 4
  - 3.2 技术状况评定 ·· 4
- 4 土建结构 ·· 7
  - 4.1 一般规定 ·· 7
  - 4.2 日常巡查 ·· 7
  - 4.3 清洁 ·· 7
  - 4.4 结构检查 ·· 9
  - 4.5 土建结构技术状况评定 ··· 13
  - 4.6 保养维修 ··· 15
  - 4.7 病害处治 ··· 17
- 5 机电设施 ··· 18
  - 5.1 一般规定 ··· 18
  - 5.2 日常巡查 ··· 19
  - 5.3 清洁维护 ··· 20
  - 5.4 供配电设施检修 ·· 20
  - 5.5 照明设施检修 ··· 28
  - 5.6 通风设施检修 ··· 30
  - 5.7 消防设施检修 ··· 32
  - 5.8 监控与通信设施检修 ·· 34
  - 5.9 机电设施技术状况评定 ··· 39
- 6 其他工程设施 ··· 42
  - 6.1 一般规定 ··· 42
  - 6.2 日常巡查 ··· 42
  - 6.3 清洁维护 ··· 42
  - 6.4 检查评定 ··· 44
  - 6.5 保养维修 ··· 46

— 1 —

7 安全管理	48
7.1 一般规定	48
7.2 养护作业的安全管理	48
7.3 突发事件的安全管理	49
8 技术管理	51
附录A 土建结构检查记录表	52
附录B 土建结构技术状况评定标准	54
附录C 机电设施技术状况评定及检查记录表	58
附录D 其他工程设施技术状况评定表	60
本规范用词用语说明	63
附件 《公路隧道养护技术规范》（JTG H12—2015）条文说明	65
1 总则	67
3 养护等级与技术状况评定	68
4 土建结构	71
5 机电设施	86
6 其他工程设施	91
7 安全管理	94

1 总则

1.0.1 为规范公路隧道养护技术工作，制定本规范。

1.0.2 本规范适用于钻爆法山岭公路隧道的养护工作。

1.0.3 公路隧道养护范围应包括土建结构、机电设施以及其他工程设施。

1.0.4 公路隧道养护应贯彻"预防为主、防治结合"的方针，加强预防性养护，保持公路隧道正常的使用状态。

1.0.5 公路隧道养护应划分隧道养护等级，并按照等级实施养护。

1.0.6 应对公路隧道进行定期检查，根据检查结果对隧道技术状况进行评定，并根据隧道交通运营状况、结构和设施技术状况以及病害程度、围岩地质条件等，制订相应的养护计划和方案。

1.0.7 公路隧道接养时，应建立隧道养护技术档案，并宜纳入公路信息化养护管理系统。

1.0.8 隧道内养护作业不中断交通时，应采取措施，保障安全并减少对交通的干扰。

1.0.9 应积极而慎重地采用新技术、新材料、新设备与新工艺，使养护维修达到安全实用、质量可靠、经济合理、技术先进的要求。

1.0.10 公路隧道养护除应符合本规范的规定外，尚应符合国家和行业现行有关标准的规定。

2 术语和符号

2.1 术语

2.1.1 公路隧道养护 maintenance for highway tunnel

为保持隧道土建结构、机电设施及其他工程设施的正常使用而进行的日常巡查、清洁维护、检查评定、保养维修等工作。

2.1.2 养护等级 maintenance grade

根据公路等级、交通量、隧道规模、技术状况、地质和气候条件等因素，对公路隧道划分不同等级，实施差异化的养护标准和养护频率等。

2.1.3 土建结构 tunnel structure

主要是指隧道的各类土木建筑工程结构物，包括洞口边仰坡、洞门、衬砌、路面、防排水设施、斜（竖）井、检修道及风道等结构物。

2.1.4 机电设施 mechanical & electrical equipments

为隧道运行服务的相关设施，包括供配电设施、照明设施、通风设施、消防设施、监控与通信设施等。

2.1.5 病害处治 disease treatment

通过采取围岩加固、结构补强、局部更换等措施对隧道土建结构的病害进行处理或加固，恢复其使用功能。

2.2 符号

CI——总体技术状况评分，值域为 0~100 分；
$JGCI$——土建结构技术状况评分，值域为 0~100 分；
$JDCI$——机电设施技术状况评分，值域为 0~100 分；
$QTCI$——其他工程设施技术状况评分，值域为 0~100 分；
W_{JG}——土建结构在总体中的权重；

W_{JD}——机电设施在总体中的权重；

W_{QT}——其他工程设施在总体中的权重；

w_i——各分项权重；

$JGCI_i$——土建结构分项检查结果评分，值域为 0~4；

$JGCI_{ij}$——土建结构各分项检查段落检测状况值，值域为 0~4，j 为检查段落号，按实际分段数量取值；

E_i——机电设施各项目的设备完好率，0~100%。

3 养护等级与技术状况评定

3.1 养护等级

3.1.1 根据公路等级、隧道长度和交通量大小，公路隧道养护可分为三个等级，分级标准宜按表3.1.1-1和表3.1.1-2执行。

表3.1.1-1 高速公路、一级公路隧道养护等级分级表

单车道年平均日交通量 [pcu/(d·ln)]	隧道长度（m）			
	$L>3\,000$	$3\,000 \geqslant L > 1\,000$	$1\,000 \geqslant L > 500$	$L \leqslant 500$
≥10 001	一级	一级	一级	二级
5 001~10 000	一级	一级	二级	二级
≤5 000	一级	二级	二级	三级

表3.1.1-2 二级及二级以下公路隧道养护等级分级表

年平均日交通量 (pcu/d)	隧道长度（m）			
	$L>3\,000$	$3\,000 \geqslant L > 1\,000$	$1\,000 \geqslant L > 500$	$L \leqslant 500$
≥10 001	一级	二级	二级	三级
5 001~10 000	二级	二级	三级	三级
≤5 000	二级	三级	三级	三级

3.2 技术状况评定

3.2.1 公路隧道技术状况评定应包括隧道土建结构、机电设施、其他工程设施技术状况评定和总体技术状况评定，如图3.2.1所示。公路隧道技术状况评定应采用分层综

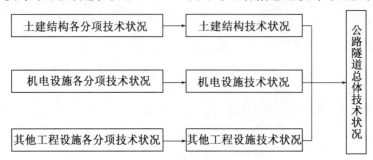

图3.2.1 公路隧道技术状况评定

合评定与隧道单项控制指标相结合的方法，先对隧道各检测项目进行评定，然后对隧道土建结构、机电设施和其他工程设施分别进行评定，最后进行隧道总体技术状况评定。

3.2.2 公路隧道总体技术状况评定应分为1类、2类、3类、4类和5类，评定类别描述及养护对策见表3.2.2。

表3.2.2　公路隧道总体技术状况评定类别

技术状况评定类别	评定类别描述		养护对策
	土建结构	机电设施	
1类	完好状态。无异常情况，或异常情况轻微，对交通安全无影响	机电设施完好率高，运行正常	正常养护
2类	轻微破损。存在轻微破损，现阶段趋于稳定，对交通安全不会有影响	机电设施完好率较高，运行基本正常，部分易耗部件或损坏部件需要更换	应对结构破损部位进行监测或检查，必要时实施保养维修；机电设施进行正常养护，应对关键设备及时修复
3类	中等破损。存在破坏，发展缓慢，可能会影响行人、行车安全	机电设施尚能运行，部分设备、部件和软件需要更换或改造	应对结构破损部位进行重点监测，并对局部实施保养维修；机电设施需进行专项工程
4类	严重破损。存在较严重破坏，发展较快，已影响行人、行车安全	机电设施完好率较低，相关设施需要全面改造	应尽快实施结构病害处治措施；对机电设施应进行专项工程，并应及时实施交通管制
5类	危险状态。存在严重破坏，发展迅速，已危及行人、行车安全	—	应及时关闭隧道，实施病害处治，特殊情况需进行局部重建或改建

3.2.3 隧道总体技术状况评定等级应采用土建结构和机电设施两者中最差的技术状况类别作为总体技术状况的类别。

3.2.4 公路隧道检查及技术状况评定工作流程如图3.2.4所示。

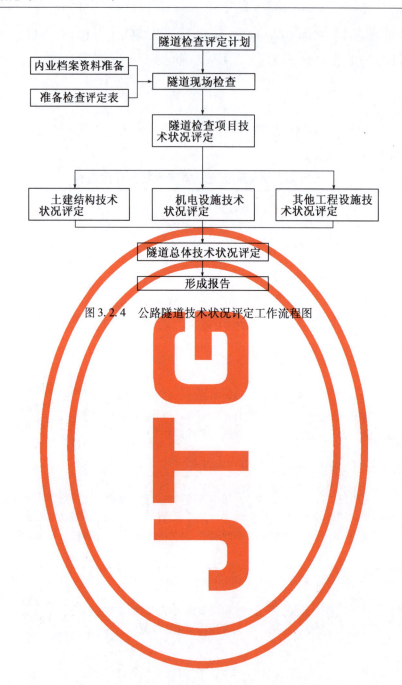

图 3.2.4　公路隧道技术状况评定工作流程图

4 土建结构

4.1 一般规定

4.1.1 土建结构的养护工作应包括日常巡查、清洁、结构检查与技术状况评定、保养维修和病害处治等内容。

4.1.2 隧道养护产生的垃圾、废渣和废水的处理应符合环保方面的有关规定。

4.2 日常巡查

4.2.1 日常巡查应对隧道洞口、衬砌、路面是否处在正常工作状态、是否妨碍交通安全等进行检查，包括下列内容：
　　1　隧道洞口边仰坡是否存在边坡开裂滑动、落石等现象。
　　2　隧道洞门结构是否存在大范围开裂、砌体断裂、脱落等现象。
　　3　隧道衬砌是否存在大范围开裂、明显变形、衬砌掉块等现象。
　　4　是否存在地下水大规模涌流、喷射，路面出现涌泥沙或大面积严重积水等威胁交通安全的现象。
　　5　隧道路面是否存在散落物、严重隆起、错台、断裂等现象。
　　6　隧道洞顶预埋件和悬吊件是否存在断裂、变形或脱落等现象。

4.2.2 日常巡查频率宜不少于 1 次/d，雨季、冰冻季节和极端天气，应增加日常巡查的频率。隧道日常巡查可与路段日常巡查一起进行。

4.2.3 日常巡查可采用人工与信息化手段相结合的方式。

4.2.4 日常巡查中，发现路面有妨碍通行的障碍物或其他异常情况时，应视情况予以清除或报告，并做好记录。记录方式可以文字记录为主，并配合照相或摄像手段辅助。

4.3 清洁

4.3.1 隧道清洁应综合考虑隧道养护等级、交通组成、结构物脏污程度、清洁方式及效率和环境条件等因素确定清洁方案和频率。按照养护等级，隧道清洁维护频率宜不低于表4.3.1-1和表4.3.1-2规定的频率。

表4.3.1-1 高速公路、一级公路隧道清洁频率

清洁项目	养护等级		
	一级	二级	三级
路面	1次/d	2次/周	1次/旬
内装饰、检修道、横通道、标志、标线、轮廓标	1次/月	1次/2月	1次/季度
排水设施	1次/季度	1次/半年	1次/半年
顶板	1次/半年	1次/年	1次/2年
斜井	1次/半年	1次/年	1次/2年
侧墙、洞门	1次/2月	1次/季度	1次/半年

表4.3.1-2 二级及二级以下公路隧道清洁频率

清洁项目	养护等级		
	一级	二级	三级
路面	1次/周	1次/半月	1次/月
内装饰、侧墙、洞门、检修道、横通道、标志、标线、轮廓标	1次/季度	1次/半年	1次/年
排水设施	1次/半年	1次/年	1次/年
顶板	1次/年	1次/2年	1次/3年
斜井	1次/年	1次/2年	1次/3年

4.3.2 隧道内路面清洁应满足下列要求：

1 应保持干净、整洁，两侧边沟不应有残留垃圾等物品。
2 高速公路和一级公路宜以机械清扫为主，清扫时应防止产生扬尘。
3 路面被油类物质或其他化学品污染时，应采取措施清除。

4.3.3 隧道的顶板、内装饰、侧墙和洞门清洁应满足下列要求：

1 应保持干净、整洁，无污垢、污染、油污和痕迹。
2 顶板、内装饰和侧墙的清洁宜以机械作业为主，以人工作业为辅。
3 采用湿法清洁时，应防止路面积水和结冰，并应注意保护隧道内机电设施的安全，防止水渗入设施内。清洗用的清洁剂，可根据实际效果选择确定，宜选用中性清洁剂。清洁剂应冲洗干净。
4 采用干法清洁时，应避免损伤顶板、内装饰和侧墙，以及隧道内机电设施。清洁时应采取必要的降尘措施。对不能去除的污垢，可用清洁剂进行局部特别处理。
5 隧道内没有顶板和内装饰时，应根据需要对洞壁混凝土进行清洁。
6 洞门的清洁应按照侧墙要求执行。

4.3.4 隧道排水设施应按下列规定进行清理和疏通：

1 应保持无淤积、排水通畅。

2 在汛前、汛中和汛后以及极端降水天气后，应对排水设施进行检查和清理疏通。在冰冻季节，应增加排水沟的清理频率。

3 对于纵坡较小的隧道或隧道的洞口区段，应增加清理和疏通的频率；对于窨井和沉沙池，应将其底部沉积物清除干净。

4.3.5 隧道的标志、标线和轮廓标清洁应满足下列要求：

1 应保持完整、清晰、醒目。

2 当标志、标线和轮廓标表面有污秽，影响其辨认性能时，应及时进行清洗。清洗标志、标线和轮廓标时，应避免损伤其表面覆膜或涂层等。

4.3.6 隧道横通道应定期清除杂物和积水。

4.3.7 斜井、检修道及风道等辅助通道应定期清除可能损伤通风设施或影响通风效果的异物。

4.4 结构检查

4.4.1 土建结构检查应包括经常检查、定期检查、应急检查和专项检查，并应满足下列要求：

1 经常检查应对土建结构的外观状况进行一般性定性检查。

2 定期检查应按规定频率对土建结构的技术状况进行全面检查。

3 应急检查应在隧道遭遇自然灾害、发生交通事故或出现其他异常事件后对遭受影响的结构进行详细检查。

4 专项检查应根据经常检查、定期检查和应急检查的结果，对于需要进一步查明缺损或病害的详细情况的隧道，进行更深入的专门检测、分析等工作。

4.4.2 按照公路隧道养护等级，土建结构经常检查频率应不低于表4.4.2规定的频率，且在雨季、冰冻季节或极端天气情况下，或发现严重异常情况时，应提高经常检查频率。

表4.4.2 公路隧道结构经常检查频率表

检查分类	养护等级		
	一级	二级	三级
经常检查	1次/月	1次/2月	1次/季度

4.4.3 应通过经常检查，及时发现早期缺损、显著病害或其他异常情况，确定对策措施，并应符合下列规定：

1 经常检查宜采用人工与信息化手段相结合的方式，配以简单的检查工具进行。应当场填写"公路隧道经常检查记录表"（附录A.0.1），翔实记述检查项目的缺损类型，估计缺损范围和程度以及养护工作量，对异常情况做出缺损状况判定分类，并提出相应的养护措施。

2 经常检查以定性判断为主，检查内容和判定标准宜按表4.4.3执行。经常检查破损状况判定分三种情况：情况正常、一般异常、严重异常。

表 4.4.3 经常检查内容和判定标准

项目名称	检查内容	判定描述	
		一般异常	严重异常
洞口	边（仰）坡有无危石、积水、积雪；洞口有无挂冰；边沟有无淤塞，构造物有无开裂、倾斜、沉陷等	存在落石、积水、积雪隐患；洞口局部挂冰；构造物局部开裂、倾斜、沉陷，有妨碍交通的可能	坡顶落石、积水漫流或积雪崩塌；洞口挂冰掉落路面；构造物因开裂、倾斜或沉陷而致剥落或失稳；边沟淤塞，已妨碍交通
洞门	结构开裂、倾斜、沉陷、错台、起层、剥落；渗漏水（挂冰）	侧墙出现起层、剥落；存在渗漏水或结冰，尚未妨碍交通	拱部及其附近部位出现剥落；存在喷水或挂冰等，已妨碍交通
衬砌	结构裂缝、错台、起层、剥落	衬砌起层，且侧壁出现剥落状况，尚未妨碍交通，将来可能构成危险	衬砌起层，且拱部出现剥落状况，已妨碍交通
	渗漏水	存在渗漏水，尚未妨碍交通	大面积渗漏水，已妨碍交通
	挂冰、冰柱	存在结冰现象，尚未妨碍交通	拱部挂冰，形成冰柱，已妨碍交通
路面	落物、油污；滞水或结冰；路面拱起、坑槽、开裂、错台等	存在落物、滞水、结冰、裂缝等，尚未妨碍交通	拱部落物，存在大面积路面滞水、结冰或裂缝，已妨碍交通
检修道	结构破损；盖板缺损；栏杆变形、损坏	栏杆变形、损坏；盖板缺损；结构破损，尚未妨碍交通	栏杆局部毁坏或侵入建筑限界；道路结构破损，已妨碍交通
排水设施	缺损、堵塞、积水、结冰	存在缺损、积水或结冰，尚未妨碍交通	沟管堵塞，积水漫流，结冰，设施缺损严重，已妨碍交通
吊顶及各种预埋件	变形、缺损、漏水（挂冰）	存在缺损、漏水，尚未妨碍交通	缺损严重，或从吊顶板漏水严重，已妨碍交通
内装饰	脏污、变形、缺损	存在缺损，尚未妨碍交通	缺损严重，已妨碍交通
标志、标线、轮廓标	是否完好	存在脏污、部分缺失，可能会影响交通安全	基本缺失或严重缺失，影响行车安全

— 10 —

3 当经常检查中发现隧道存在一般异常情况时，应进行监视、观测或做进一步检查；当经常检查中发现隧道存在严重异常情况时，应采取措施进行处治；当对其产生原因及详细情况不明时，尚应做定期检查或专项检查。

4.4.4 定期检查的周期应根据隧道技术状况确定，宜每年1次，最长不得超过3年1次。当经常检查中发现重要结构分项技术状况评定状况值为3或4时，应立即开展一次定期检查。定期检查宜安排在春季或秋季进行。新建隧道应在交付使用1年后进行首次定期检查。

4.4.5 应通过定期检查，系统掌握结构技术状况和功能状况，开展土建结构技术状况评定，为制订养护工作计划提供依据，并应符合下列规定：

1 定期检查需要配备必要的检查工具或设备，进行目测或量测检查。检查时，应尽量靠近结构，依次检查各个结构部位，注意发现异常情况和原有异常情况的发展变化；对有异常情况的结构，应在其适当位置做出标记；此外，检查结果记录宜量化。

2 定期检查内容应按表4.4.5执行。

表4.4.5 定期检查内容表

项目名称	检查内容
洞口	山体滑坡、岩石崩塌的征兆及其发展趋势；边坡、碎落台、护坡道的缺口、冲沟、潜流涌水、沉陷、塌落等及其发展趋势
	护坡、挡土墙的裂缝、断缝、倾斜、鼓肚、滑动、下沉的位置、范围及其程度，有无表面风化、泄水孔堵塞、墙后积水、地基错台、空隙等现象及其程度
洞门	墙身裂缝的位置、宽度、长度、范围或程度
	结构倾斜、沉陷、断裂范围、变位量、发展趋势
	洞门与洞身连接处环向裂缝开展情况、外倾趋势
	混凝土起层、剥落的范围和深度，钢筋有无外露、受到锈蚀
	墙背填料流失范围和程度
衬砌	衬砌裂缝的位置、宽度、长度、范围或程度，墙身施工缝开裂宽度、错位量
	衬砌表层起层、剥落的范围和深度
	衬砌渗漏水的位置、水量、浑浊、冻结状况
路面	路面拱起、沉陷、错台、开裂、溜滑的范围和程度；路面积水、结冰等范围和程度
检修道	检修道毁坏、盖板缺损的位置和状况；栏杆变形、锈蚀、缺损等的位置和状况
排水系统	结构缺损程度，中央窨井盖、边沟盖板等完好程度，沟管开裂漏水状况；排水沟（管）、积水井等淤积堵塞、沉砂、滞水、结冰等状况
吊顶及各种预埋件	吊顶板变形、缺损的位置和程度；吊杆等预埋件是否完好，有无锈蚀、脱落等危及安全的现象及其程度；漏水（挂冰）范围及程度
内装饰	表面脏污、缺损的范围和程度；装饰板变形、缺损的范围和程度等
标志、标线、轮廓标	外观缺损、表面脏污状况，连接件牢固状况、光度是否满足要求等

3 检查结果应当场填入"定期检查记录表"（附录 A.0.2），将检查数据及病害绘入"隧道展示图"（附录 A.0.3），发现评定状况值为 2 以上的情况，应做影像记录，并详细、准确地记录缺损或病害状况，分析成因，对结构物的技术状况进行评定。

4 当定期检查中出现状况值为 3 或 4 的项目，且其产生原因及详细情况不明时，应做专项检查。

5 定期检查完成后，应编制土建结构定期检查报告，内容应包括：
1）检查记录表、隧道展示图及相关调查资料等；
2）对土建结构的技术状况评定；
3）对土建结构的养护维修状况的评价及建议；
4）需要实施专项检查的建议；
5）需要采取处治措施的建议。

4.4.6 应通过应急检查，及时掌握结构受损情况，为采取对策措施提供依据，并应符合下列规定：

1 应根据受异常事件影响的结构，决定采取的检查方法、工具和设备。

2 应急检查的内容和方法原则上应与定期检查相同，但应针对发生异常情况或者受异常事件影响的结构或结构部位做重点检查，以掌握其受损情况。

3 检查的评定标准，应与定期检查相同。当难以判明缺损的原因、程度等情况时，应做专项检查。

4 检查结果的记录，应与定期检查相同。检查完成后，应编制应急检查报告，总结检查内容和结果，评估异常事件的影响，确定合理的对策措施。

4.4.7 应通过专项检查，完整掌握缺损或病害的详细资料，为其是否实施处治以及采取何种处治措施等提供技术依据，并应符合下列规定：

1 检查的项目、内容及其要求，应根据经常检查、定期检查或应急检查的结果有针对性地确定，可按表 4.4.7 选择执行。

表 4.4.7 专项检查项目表

检查项目		检查内容
结构变形检查	公路线形、高程检查	公路中线位置、路面高度、缘石高度以及纵、横坡度等测量
	隧道横断面检查	隧道横断面测量，周壁位移测量（与相邻或完好断面比较）
	净空变化检查	隧道内壁间距测量（自身变化比较）
裂缝检查	裂缝调查	裂缝的位置、宽度、长度、开展范围或程度等
	裂缝检测	裂缝的发展变化趋势及其速度；裂缝的方向及深度等
漏水检查	漏水调查	漏水的位置、水量、浑浊、冻结及原有防排水系统的状态等
	漏水检测	水温，pH 值检查、电导度检测、水质化学分析
	防排水系统	拥堵、破坏情况

续表 4.4.7

检查项目		检查内容
材质检查	衬砌强度检查	强度简易测定，钻孔取芯，各种强度试验等
	衬砌表面病害	起层、剥落、蜂窝、麻面、孔洞、露筋等
	混凝土碳化深度检测	采用酚酞液检查混凝土的碳化深度
	钢筋锈蚀检测	剔凿检测法、电化学测定法、综合分析判定法
衬砌及围岩状况检查	无损检查	无损检测衬砌厚度、空洞、裂缝和渗漏水等，以及钢筋、钢拱架、衬砌配筋位置及保护层厚度、围岩状况、仰拱充填层密实程度及其下岩溶发育情况
	钻孔检查	钻孔测定衬砌厚度等，内窥镜观测衬砌及围岩内部状况
荷载状况检查	衬砌应力及拱背压力检查	衬砌不同部位的应力及其变化、拱背压力的分布及其变化
	水压力检查	地下水丰富的隧道检查衬砌背后水压力大小、分布及变化规律

    2 检查人员应对有关的技术资料、档案进行调查，并对隧道周围的地质及地表环境等展开实地调查。

    3 对严重不良地质地段、重大结构病害或隐患处，宜开展运营期长期监测，对其结构变形、受力和地下水状态等进行长期观测。监测频率宜取经常检查的频率，当发现监测参数在快速发展变化时，观测频率应提高。

    4 检查完成后，应编制专项检查报告，报告内容应包括：

    1）检查的主要经过，包括检查的组织实施、时间和主要工作过程等；

    2）所检查结构的技术状况，包括检查方法、试验与检测项目及内容、检测数据与结果分析以及缺损状态评价等；

    3）对缺损或病害的成因、范围、程度等情况的分析，及其维修处治对策、技术以及所需工程量和费用等建议。

4.5 土建结构技术状况评定

4.5.1 土建结构技术状况评定应根据定期检查资料，综合考虑洞门、结构、路面和附属设施等各方面的影响，确定隧道的技术状况等级。专项检查时，宜按照本规范规定对所检项目进行技术状况评定。

4.5.2 土建结构技术状况评定应分为1类、2类、3类、4类和5类，评定类别描述及养护对策见表3.2.2。评定应先逐洞、逐段对隧道土建结构各分项技术状况进行状况值评定，在此基础上确定各分项技术状况，再进行土建结构技术状况评定。评定结果应填入"土建结构技术状况评定表"（附录B表B-11）。

4.5.3 隧道洞口、洞门、衬砌结构、衬砌渗漏水、路面、检修道、排水设施、吊顶、内装饰、交通标志标线等各分项技术状况评定标准应按附录 B 表 B-1～表 B-10 执行。

4.5.4 土建结构技术状况评定方法应符合下列规定：
1 土建结构技术状况评分应按式（4.5.4-1）计算。

$$JGCI = 100 \cdot \left[1 - \frac{1}{4}\sum_{i=1}^{n}\left(JGCI_i \times \frac{w_i}{\sum_{i=1}^{n}w_i}\right)\right] \quad (4.5.4\text{-}1)$$

式中：w_i——分项权重；
$JGCI_i$——分项状况值，值域 0～4。

2 分项状况值应按式（4.5.4-2）计算。

$$JGCI_i = \max(JGCI_{ij}) \quad (4.5.4\text{-}2)$$

式中：$JGCI_{ij}$——各分项检查段落状况值；
j——检查段落号，按实际分段数量取值。

3 土建结构各分项权重宜按表 4.5.4-1 取值。

表 4.5.4-1 土建结构各分项权重表

分项		分项权重 w_i	分项	分项权重 w_i
洞口		15	检修道	2
洞门		5	排水设施	6
衬砌	结构破损	40	吊顶及预埋件	10
衬砌	渗漏水		内装饰	2
路面		15	交通标志、标线	5

4 土建结构技术状况评定分类界限值宜按表 4.5.4-2 规定执行。

表 4.5.4-2 土建结构技术状况评定分类界限值

技术状况评分	土建结构技术状况评定分类				
	1 类	2 类	3 类	4 类	5 类
JGCI	≥85	≥70，<85	≥55，<70	≥40，<55	<40

5 土建结构技术状况评定时，当洞口、洞门、衬砌、路面和吊顶及预埋件项目的评定状况值达到 3 或 4 时，对应土建结构技术状况应直接评为 4 类或 5 类。

4.5.5 在公路隧道技术状况评定中，有下列情况之一时，隧道土建技术状况评定应评为 5 类隧道：
1 隧道洞口边仰坡不稳定，出现严重的边坡滑动、落石等现象。
2 隧道洞门结构大范围开裂、砌体断裂、脱落现象严重，可能危及行车道内的通行安全。
3 隧道拱部衬砌出现大范围开裂、结构性裂缝深度贯穿衬砌混凝土。

4 隧道衬砌结构发生明显的永久变形，且有危及结构安全和行车安全的趋势。
5 地下水大规模涌流、喷射，路面出现涌泥沙或大面积严重积水等威胁交通安全的现象。
6 隧道路面发生严重隆起，路面板严重错台、断裂，严重影响行车安全。
7 隧道洞顶各种预埋件和悬吊件严重锈蚀或断裂，各种桥架和挂件出现严重变形或脱落。

4.5.6 对评定划定的各类隧道土建结构，应分别采取不同的养护措施：
1 1 类隧道应进行正常养护。
2 2 类隧道或存在评定状况值为 1 的分项时，应按需进行保养维修。
3 3 类隧道或存在评定状况值为 2 的分项时，应对局部实施病害处治。
4 4 类隧道应进行交通管制，尽快实施病害处治。
5 5 类隧道应及时关闭，然后实施病害处治。
6 重要分项以外的其他分项评定状况值为 3 或 4 时，应尽快实施病害处治。

4.6 保养维修

4.6.1 土建结构的保养维修应包括经常性或预防性的保养和轻微缺损部分的维修等内容，恢复和保持结构的正常使用状况。

4.6.2 应对土建结构经常检查和定期检查发现的一般性异常和技术状况值为 2 以下的状况，进行保养维修。

4.6.3 应及时清除洞口边仰坡上的危石、浮土，保持洞口边沟和边仰坡上截（排）水沟的完好、畅通，修复存在轻微损坏的洞口挡土墙、洞门墙、护坡、排水设施和减光设施等结构物的开裂、变形，维护洞口花草树木。冬季应清除边仰坡上的积雪和挂冰。

4.6.4 当明洞上边坡出现危石或有崩塌可能时，应及时清除，也可采取保护性开挖等措施。明洞顶的填土厚度和地表线，应保持原设计状态。当遇边坡塌方形成局部堆积，或遇暴雨、洪水原填土大量流失时，应及时采取措施调整到原有状态，避免产生严重偏压导致明洞结构变形、损坏。明洞的防水层失效或损坏时，应及时修复。

4.6.5 应及时清除半山洞内的雨雪、杂物以及洞顶坠落的石块，并保持边沟畅通。应及时修复、添补缺损的护栏、护墙。

4.6.6 对无衬砌隧道出现的碎裂、松动岩石和危石，应按照"少清除，多稳固"的原则进行处理；对围岩的渗漏水，应开设泄水孔接引水管，将水导入边沟排出；冬季应及时清除洞顶挂冰。

4.6.7 对有衬砌隧道出现的衬砌起层、剥离，应及时清除；应及时修补衬砌裂缝，并设立观测标记进行跟踪观测；对衬砌的渗漏水应接引水管，将水导入边沟；冬季应及时清除洞顶挂冰等。

4.6.8 应及时清除隧道内外路面上的塌（散）落物和堆积物。应及时修复、更换损坏的窨井盖或其他设施盖板。当路面出现渗漏水时，应及时处理，将水引入边沟排出，防止路面积水或结冰。

4.6.9 横通道内严禁存放任何非救援用物品，应及时清除散落杂物，修复轻微破损结构；应定期保养横通道门，保证横通道清洁、畅通。

4.6.10 应及时清除斜（竖）井内可能损伤通风设施或影响通风效果的异物；应保持井内排水设施完好、水沟（管）畅通；应对井内的检查通道或设施进行保养，防止其锈蚀或损坏。

4.6.11 应清理送（排）风口的网罩，清除堵塞网眼的杂物；应定期保养风道板吊杆，防止其锈蚀或损坏；应及时修复风口或风道的破损，更换损坏的风道板。

4.6.12 应保持隧道内外排水设施完好，发现破损或缺失应及时修复；排水管堵塞时，可用高压水或压缩空气疏通。应及时清理排水边沟、中心排水沟、沉沙池等排水设施中的堆积物，不定期检查排水沟盖板和沟墙，及时修复破损、翘曲的盖板。寒冷地区应及时清除排水沟内结冰堵塞。排水的金属管道应定期做好防腐处理。

4.6.13 吊顶和内装饰应保持完好和整洁美观，当有破损、缺失时，应及时修补恢复，不能修复的应及时更换。各种预埋件和桥架应保持完好、坚固、无锈蚀，当有缺损时，应及时更换或加固。

4.6.14 应保持人行道或检修道平整、完好和畅通，人行道或检修道不得积水，当道板有破损、翘曲或缺失时，应及时进行修复和补充；应定期保养人行道或检修道护栏，护栏应保持完好、清洁、坚固、无锈蚀，立柱正直无摇动现象，横杆连接牢固，当有缺损时，应及时恢复。

4.6.15 寒冷地区隧道尚应进行下列保养维护：
1 寒冷地区隧道的防冻保温设施应做好保养维护，当有损坏时，应及时维修，保证其正常使用功能。

2 洞口设有防雪设施的隧道，应做好防雪设施的保养维护，并在大雪降临前完成设施的维修加固；冬季应及时清除洞口处积雪。

4.6.16 隧道的交通标志应保持外观完整、信息清晰准确，保持位置、高度和角度适当，保证交通信息传递无误，并应符合下列规定：
1 应及时修补变形、破损的标牌，修复弯曲、倾斜的支柱，紧固松动的连接构件。
2 对锈蚀损坏、老化失效的标志，应及时更换，缺失的应及时补充。
3 对损坏的限高及限速设施应及时维修。

4.6.17 隧道的交通标线应保持完整、清洁和醒目，并应符合下列规定：
1 对破损严重和脱落的标线应及时补划。
2 应及时紧固松动的路标，发现损坏或丢失的，应及时修复或补换。

4.6.18 隧道轮廓标应保持完整、清洁和醒目，当有损坏时，应及时修复或更换。

4.7 病害处治

4.7.1 病害处治包括修复破损结构、消除结构病害、恢复结构物设计标准、维持良好的技术功能状态，并应符合下列规定：
1 确定病害处治方案前，应对病害隧道进行检测，对破损或病害的成因、范围、程度及其发展趋势等情况进行分析评定。
2 处治设计应综合考虑隧道病害状况、地形、地质、生态环境及运营和施工条件，合理确定处治方案。处治方案可由一种或多种处治方法组成。
3 在处治设计与施工中，应根据病害程度、地质条件、处治方案，进行工程风险评估，制订相应的应急预案。
4 隧道处治施工应编制实施性施工组织设计方案。
5 病害处治工程施工完毕后，被处治段落各分项状况值应达到0或1。

4.7.2 制订病害处治方案应满足下列要求：
1 原则上应不降低隧道原有技术标准。
2 应按照安全、经济、快速、合理的原则，通过多方案技术、经济比选确定。
3 处治设计应体现信息化设计和动态施工的思想，制订监控量测方案。
4 应尽量减少施工对隧道正常运营的影响，不能中断交通时应制订保通方案。
5 应采取相应措施减小处治施工对既有结构、排水设施、机电设施及附属设施的不良影响。

5 机电设施

5.1 一般规定

5.1.1 机电设施的养护应包括日常巡查、清洁维护、机电检修与评定、专项工程等内容。

1 日常巡查是指在巡视车上或通过步行目测以及其他信息化手段对机电设施外观和运行状态进行的一般巡视检查，并对检查结果及时记录。

2 清洁维护是指对隧道机电设施外观的日常清洁，以经常保持机电设施外观的干净整洁。

3 机电检修与评定是指通过检查工作发现机电设施完好情况，系统掌握和评定机电设施技术状况，确定相应的养护对策或措施。机电检修工作主要内容包括经常检修、定期检修和应急检修。

　　1）经常检修是指通过步行目测或使用简单工具，对设施仪表读数、运转状态或损坏情况进行的检查并对检查结果定性判断，对破损零部件应及时进行维修更换。

　　2）定期检修是指通过检测仪器对机电设施运转状态和性能进行的全面检查、标定和维修。

　　3）应急检修是指公路隧道内或相关机电设施发生异常事件、重大事故或自然灾害后对机电设施进行的检查和维修。

4 专项工程是指对机电设施进行的集中性、系统性维修，使其满足原有技术标准。专项工程可根据设备运行状态启动。

5.1.2 养护人员应经上岗培训，并熟练掌握设施的使用要领和技术特性。特殊工种上岗前应进行专门培训，并符合国家相关规定，经考核持证上岗。

5.1.3 机电设施养护应使各类设备技术状况达到产品说明书、设计文件和有关规范的要求。

5.1.4 公路隧道机电设施技术状况评定应不少于1次/年，技术状况评定表可按附录C.0.1填写。

5.1.5 机电设施养护应考虑通行车辆、养护人员的安全，并应符合本规范第7章的有关规定。

5.1.6 机电设施养护应配备专门的电工工具、测试仪器、清洁工具、安全防护设备，高速公路还应配备高空作业设备。对配备的专用工具应定期检定，耐高压工具试验应不少于1次/半年，测试仪器校对应不少于1次/年，安全防护设备及高空作业设备检查应不少于1次/半年。

5.1.7 机电设施养护应准确记录各种设备的检查情况，建立专门的技术档案，检查记录可按附录C.0.2～C.0.3填写。

5.1.8 机电设施故障应准确记录，建立专门的技术档案，故障记录可按附录C.0.4填写。

5.1.9 机电设施故障应按月填报，故障记录可按附录C.0.5填写。

5.1.10 机电设施应按应急预案定期进行联调联试。

5.2 日常巡查

5.2.1 日常巡查应检查机电设施是否处在正常工作状态和是否存在故障隐患，并应符合下列规定：
  1 供配电设施日常巡查，应观察变压器、高低压配电柜及变配电室内相关设备的外观及运行状态，判断是否有外观破损、声响、发热、气味、放电等异常现象。
  2 照明设施日常巡查，应观察照明设备的外观及运行状态，判断有无异常。
  3 通风设施日常巡查，应观察通风设备的外观及运转状态，判断是否存在隐患。
  4 消防设施日常巡查，应观察各类消防设备的外观，并判断有无异常。
  5 监控与通信设施日常巡查，应巡检隧道内各种监控设备、信息采集和发布设备、监控室各类监视设备的外观和主要功能，并判断有无异常。

5.2.2 日常巡查频率，高速公路应不少于1次/d，其他各级公路可按1次/1～3d进行。极端天气和交通量增加较大时，应提高日常巡查的频率。

5.2.3 日常巡查可采用人工与信息化手段相结合的方式。发现异常情况时，应予以报告，并做好记录，必要时应进行拍照和摄像。

5.3 清洁维护

5.3.1 机电设施应根据养护等级、交通组成、污垢对机电设施功能影响程度、清洁方式和环境条件等因素进行清洁维护。清洁维护频率宜不低于表5.3.1的规定值。

表5.3.1 机电设施清洁维护频率

清洁项目	养护等级		
	一级	二级	三级
供配电设施	1次/月	1次/季度	1次/半年
照明设施	1次/季度	1次/半年	1次/年
通风设施	1次/2年	1次/3年	1次/4年
消防设施	1次/季度	1次/半年	1次/年
监控与通信设施	1次/季度	1次/半年	1次/年

5.3.2 机电设施采用湿法清洁时，应注意保护人员安全和机电设施内部电气元件安全，并应防止液体渗入设施内；采用干法清洁时，应采取必要的降尘措施，对清扫不能去除的污垢，经判别可用湿法清洁时，可用清洁剂进行局部特别处理。

5.3.3 机电设施清洁维护应保持设备外观干净、整洁、无污垢，并保证机电设施完好。

5.3.4 机电设施清洁应包括表5.3.4规定的设备。

表5.3.4 公路隧道机电设施清洁设备

设施名称	设备名称
供配电设施	配变电所内电力设备、箱式变电站、外场配电箱、插座箱、控制箱
照明设施	隧道灯具、洞外路灯
通风设施	轴流风机、射流风机
消防设施	消火栓及水泵接合器、灭火器、火灾报警设施、水喷雾控制阀及喷头、气体灭火设施、电光标志等
监控与通信设施	各类检测仪、闭路电视、有线广播、紧急电话、横通道门、交通控制和诱导设施、控制器（箱）、光端机、交换机等

5.4 供配电设施检修

5.4.1 供配电设施经常检修、定期检修主要项目及其检修频率可按表5.4.1确定。

表 5.4.1 供配电设施经常检修、定期检修主要项目及其检修频率

设施名称	检查项目	主要检查内容	经常检修 1次/1~3月	定期检修 1次/年
高压断路器柜*	断路器触头、真空泡	1 触头有无烧损，接触是否紧密，动静触点中心是否相对		√
		2 触头或真空泡是否损坏		√
		3 操作机构是否正常，分、合闸时间是否符合生产厂规定		√
	"五防"功能	1 在断路器处于分闸位置时，手车能否抽出和插入		√
		2 在手车处于不同位置时一次、二次回路是否正常		√
		3 断路器与接地开关的机械联锁是否正常		√
		4 柜后的上、下门联锁是否正常		√
		5 仪表板上带钥匙的控制开关（或防误型插座）是否正常		√
	穿墙套管	穿墙套管有无破损		√
	排气通道	排气通道有无堵塞		√
	二次端子	端子有无污染、松动		√
	线圈	线圈绝缘是否良好		√
	分合闸试验	1 分、合闸能否正常进行		√
		2 电磁式弹簧操动机构有无卡塞，是否正常		√
	运行	1 电气整定值是否满足电力系统要求		√
		2 保护装置能否与中央信号系统协调配合		√
高压互感器与避雷器柜*	高压互感器	有无污染、裂痕，绝缘是否良好		√
	避雷器	1 避雷器外观有无损伤		√
		2 有无放电痕迹		√
		3 接地装置有无腐蚀		√
		4 预防性试验		√
高压计量柜	电流互感器	有无污染、损伤，绝缘是否良好		√
	计量仪表	1 计量仪表有无污染，计量是否准确	√	
		2 仪表检验按"电力电容器柜"中"仪表"执行		√
高压隔离开关和负荷开关*	触头	1 有无污染、损伤	√	
		2 接触是否紧密	√	
		3 灭弧装置是否烧损	√	

续表5.4.1

设施名称	检查项目	主要检查内容	经常检修 1次/1~3月	定期检修 1次/年
高压隔离开关和负荷开关*	操作机构	1 操作机构有无污染	√	
		2 有无卡塞，转动是否灵活		√
	负荷开关	1 触头有无烧损，接触是否紧密，动静触点中心是否相对		√
		2 操作机构是否正常，分、合闸时间是否符合生产厂规定		√
		3 采用SF_6绝缘和灭弧的装置应观测其壳体漏气率是否符合生产厂规定	√	
	高压熔断器	1 外观有无污染、烧伤痕迹	√	
		2 熔断丝是否熔断	√	
35kV电力变压器*	总体	1 有无污染、漏油，油量是否足够	√	
		2 有无异常声响和过热	√	
		3 噪声是否符合要求	√	
		4 内部线圈直流电阻是否符合生产厂规定		√
		5 内部相间、线间及对地绝缘是否符合要求		√
		6 铭牌有无污染		√
		7 绝缘套管有无污染及裂痕		√
		8 接线端子有无污染、松动		√
		9 变压器油耐压测试		√
10kV电力变压器*	总体	1 有无异常声响和过热	√	
		2 噪声是否符合要求	√	
		3 内部线圈直流电阻是否符合生产厂规定		√
		4 内部相间、线间及对地绝缘是否符合要求		√
		5 铭牌有无污染		√
		6 绝缘套管有无污染及裂痕		√
		7 接线端子有无污染、松动		√
		8 检查所有分接头的变压比		√
箱式变电站*	总体	1 箱体外壳有无污染、破损和锈蚀	√	
		2 室内温度和湿度是否符合要求	√	
		3 噪声是否符合要求	√	
		4 电缆进出线孔封堵是否密实	√	
		5 箱体周围接地电阻是否符合要求		√
		6 各电器连接是否可靠，有无松动、发热		√
		7 室内电气元件检查按本规范相关内容执行		

续表 5.4.1

设施名称	检查项目	主要检查内容	经常检修 1次/1～3月	定期检修 1次/年
电力电容器柜*	电力电容器	1 外观有无污染，接头有无松动	√	
		2 有无漏油、过热、膨胀现象	√	
		3 绝缘是否正常，有无击穿现象	√	
	接触器	1 有无机械卡塞，噪声是否符合要求	√	
		2 线圈直流电阻是否符合生产厂规定	√	
		3 触头有无烧损痕迹，闭合是否紧密，动静触头是否中心相对	√	
		4 能否正常动作	√	
		5 引线接头有无污染、松动	√	
	控制器	控制器能否正常工作	√	
	熔断器	1 有无烧伤痕迹	√	
		2 电熔丝是否完好	√	
	仪表	1 外表有无污染	√	
		2 仪表能否正常显示	√	
低压开关柜*	断路器	1 外观有无污染、裂痕	√	
		2 触头有无烧伤，接触是否紧密	√	
		3 有无明显的噪声	√	
		4 脱扣器是否正常	√	
		5 绝缘是否良好	√	
		6 整定值能否满足系统保护要求	√	
		7 引线接头有无污染、松动	√	
	接触器	按"电力电容器柜"中"接触器"执行		
	互感器	1 有无污染	√	
		2 绝缘是否良好	√	
		3 外部接线是否断开	√	
	熔断器	按"电力电容器柜"中"熔断器"执行		
	热继电器	1 外部检查 1）继电器外壳是否清洁、完整、嵌接良好 2）外壳与底座接合是否紧密牢固，防尘密封是否良好，安装是否端正	√	
		2 内部和机械部分检查 1）热元件是否烧毁 2）进出线头是否脱落 3）接线螺钉是否拧紧 4）触头是否烧坏或动触头杆的弹性是否消失		√

续表 5.4.1

设施名称	检查项目	主要检查内容	经常检修 1次/1~3月	定期检修 1次/年
低压开关柜*	热继电器	5）双金属片是否变形 6）动作机构是否卡死 7）继电器内是否清洁 8）整定把手是否能可靠固定在整定位置 9）触点固定是否牢固		√
		3 校验 1）一般性校验 2）整定动作值与整定值误差不应超过±3%		√
	二次回路	端子排是否污染，接线是否松动	√	
	仪表	按"电力电容器柜"中"仪表"执行		
	双电源转换开关	1 外部检查 1）转换开关外壳是否清洁、完整、嵌接良好 2）外壳与底座接合是否紧密牢固，防尘密封是否良好，安装是否端正	√	
		2 内部和机械部分检查 1）转换开关端子接线是否牢固可靠 2）构件是否磨损、损坏 3）转换开关端子有无锈蚀 4）手柄转动后，静触头和动触头是否同时分合 5）转换开关可动部分是否灵活，旋转定位是否可靠、准确 6）开关接线柱相间是否短路 7）控制是否达到要求 8）各部件的安装是否完好，螺丝是否拧紧，焊头是否牢固		√
配电箱、插座箱、控制箱*	断路器	按"低压开关柜"中"断路器"执行		
	接触器	按"电力电容器柜"中"接触器"执行		
	熔断器	按"电力电容器柜"中"熔断器"执行		
	二次回路	按"低压开关柜"中"二次回路"执行		
	箱体	接地是否良好	√	
	照明控制箱	1 可编控制程序是否正确	√	
		2 自动集控手动操作是否正确	√（1次/周）	
	风机启动及控制柜	1 有无腐蚀及积水	√	
		2 接触是否良好	√	

续表 5.4.1

设施名称	检查项目	主要检查内容	经常检修 1次/1~3月	定期检修 1次/年
电力线缆*	总体	1 外表有无损伤	√	
		2 电缆线间、相间和对地绝缘是否正常		√
		3 接头处是否正常，有无烧焦痕迹		√
		4 电缆沟是否干净，有无杂物垃圾，有无积水、积油，盖板是否完整		√
		5 高压架空线路和电缆线路及其附属设施巡查	√	
		6 高压架空线路及其附属设施登杆检查		√
电缆桥架、槽盒、托架及支架	总体	1 外表有无变形、断开		√
		2 各部件连接是否紧固		√
		3 有无腐蚀		√
		4 接地是否良好		√
变电所铁构件	总体	有无腐蚀		√
综合微机保护装置*	主站硬件设备	1 硬件设备运行状况检查	√（1次/d）	
		2 系统时钟检查	√（1次/月）	
		3 数据保存、备份设备整理	√（1次/d）	
		4 缆线检查、接插件紧固	√	
		5 设备的避雷性能与接地电阻检测		√
	子站硬件设备	1 硬件设备运行状况检查	√（1次/d）	
		2 缆线检查、接插件紧固	√	
		3 通信管理机设备的除尘、清扫		√
		4 设备的避雷性能与接地电阻检测		√
	主站软件系统	1 数据备份	√（1次/d）	
		2 主站软件测试功能	√（1次/月）	
		3 日志检查	√（1次/月）	
		4 数据库检查	√（1次/月）	
		5 记录异常情况，处理、系统优化与调整	√（及时）	
		6 系统软件升级和补丁	√（1次/月）	
		7 防病毒软件升级	√（1次/月）	
	通信网络	按"监控与通信设施"中"通信设施"执行		
	计算机设备及软件	按"监控与通信设施"中"监控室设备及系统"执行		

续表5.4.1

设施名称	检查项目	主要检查内容	经常检修 1次/1~3月	定期检修 1次/年
直流电源、UPS电源、EPS电源*	箱体	1 清洁表面	√	
		2 检测、紧固连接端子	√	
		3 测量、记录输入输出电压	√	
		4 接地是否良好		√
	电池组	1 电池组外观有无污染损伤,电池的电解液是否正常,温度是否正常	√	
		2 电池的电压是否正常	√	
		3 电池的绝缘是否正常	√	
		4 进行一次容量恢复试验		√
	充电机及浮充电机	1 输出直流电压、电流是否正常	√	
		2 整流装置是否正常	√	
自备发电设备*	负荷运行30min以上	1 启动、停止试验	√	
		2 油压、异响、振动、过热检查	√	
		3 额定转数及电压确定	√	
		4 预热的情况是否正常	√	
		5 各部分温度是否正常	√	
		6 各机械的动作状态是否灵活	√	
		7 自动调节励磁是否正常,响应时间是否正常	√	
	柴油发动机	1 外观有无污染、损伤	√	
		2 计量表有无异常、漏油、漏水	√	
		3 "三清"更换		√
		4 各部分加油	√	
		5 各部位有无松动	√	
	发电机	1 外观有无污染、损伤	√	
		2 给轴承加油	√	
		3 电刷的接触状态及磨损情况	√	
	接线	1 连接是否可靠		√
		2 绝缘是否正常	√	
		3 温度是否正常	√	
	启动装置	1 外观有无污染、损伤	√	
		2 空气压缩机的润滑油量	√	
		3 计量表是否正常	√	
		4 有无异响、振动	√	

续表 5.4.1

设施名称	检查项目	主要检查内容	经常检修 1次/1~3月	定期检修 1次/年
自备发电设备*	启动装置	5 各部位有无污染、损伤，油量是否正常，有无变形、松动	√	
		6 是否更换润滑油		√
		7 附属装置是否正常		√
		8 直流电动机是否满足启动要求		√
		9 直流电动机是否正常		√
	燃料装置	1 外观有无污染、损伤	√	
		2 有无漏油，贮留量	√	
		3 泵的运行状态是否正常	√	
		4 燃料过滤器的手动操作是否可靠	√	
		5 油位计及漏油开关的动作状态	√	
		6 给轴承部位加油		√
		7 储油槽的排水泵是否通畅		√
		8 各部分有无松动		√
	润滑油装置	1 外观有无污染、损伤	√	
		2 燃料过滤器手动操作是否正常	√	
		3 泵的运行状态有无异常		√
		4 油的黏度是否正常	√	
		5 保温装置的运行状态有无异常	√	
		6 除渣、放水		√
	冷却塔方式冷却装置	1 外观有无污染、损伤	√	
		2 冷却水量、水温是否正常，有无漏水	√	
		3 运行状态	√	
		4 浮球阀的工作状态是否正常		√
		5 轴承部位加油		√
	散热器方式冷却装置	1 外观有无污染、损伤	√	
		2 冷却水量、水温是否正常，有无漏水	√	
		3 风扇工作状态是否正常		√
		4 压力栓的工作状态是否正常	√	
	空气净化器或换气扇	1 外观有无污染、损伤	√	
		2 工作状况有无异常	√	
		3 排气颜色有无异常	√	
		4 排气管、支撑接头有无裂纹、腐蚀		√
		5 空气净化器有无污染		√

续表 5.4.1

设施名称	检查项目	主要检查内容	经常检修 1次/1~3月	定期检修 1次/年
自备发电设备*	减振装置	减振橡胶、锚具螺栓有无变形、损伤	√	
	控制台	1 外观有无污染、损伤	√	
		2 计量仪表、显示灯、故障显示器有无异常	√	
		3 操作开关、继电器、电磁开关、配线断路器等有无异常	√	
		4 柜内配线有无异常，有无污染、损伤、过热、松动、断线	√	
		5 电压、电流、电量测量	√	
		6 运行时间计量是否正常	√	
		7 供配电柜中定期检修项目		√
	配线管	各接头有无松动		√
	接地线	有无断线、连接部位状态、接地电阻是否正常		√
防雷接地设施*	防雷装置	1 电源和信号输入端的浪涌保护器是否完好		√
		2 雷雨季节加强浪涌保护器的巡查		√
		3 外部防雷装置安装是否牢固，连接导线绝缘是否良好		√
	接地装置	1 有无腐蚀		√
		2 接地电阻是否正常		√
		3 紧固接地连接		√
		4 保护处理接地连接段		√

注：带"*"的设备为该设施中的关键设备。

5.4.2 供配电设施养护应执行相关设备的检修规程和国家的有关规定。养护人员应持有特殊工种上岗证书，并配备专门的电工检修工具。

5.4.3 供电线路的养护应按电力部门的有关规定进行。当供电线路存在异常情况时，应采取措施并及时通知有关部门。

5.4.4 供配电设施需进行带电养护作业时，应使隧道内、变配电室及中心控制室相互协调，密切配合，并严格按电气操作规程的有关要求进行。

5.5 照明设施检修

5.5.1 照明设施经常检修、定期检修主要项目及其检修频率可按表5.5.1确定。

表 5.5.1 照明设施经常检修、定期检修主要项目及其检修频率

设施名称	检查项目	主要检查内容	经常检修 1次/1~3月	定期检修 1次/年
隧道灯具	总体	1 电压是否稳定，灯的亮度是否正常	√	
		2 灯泡的损坏与更换	√	
		3 引入线检查，电磁接触器、配电箱柜是否积水	√	
		4 开关装置定时的准确性与动作状态有无异常	√	
		5 脱漆部位补漆及灯具修理更换		√
		6 补偿电容器、触发器、镇流器、接触器是否损坏		√
		7 绝缘检查		√
	各安装部位	有无松动、腐蚀		√
	密封性	灯具内是否有尘埃、积水，密封条是否老化		√
	检修孔、手孔	有无积水		√
	照度测试	超过灯具寿命周期后应进行照度测试	√ (1次/半年)	
洞外路灯	灯杆	1 外观有无裂纹，焊接及连接部位状况		√
		2 有无损伤及涂装破坏		√
		3 接地端子有无松动		√
	基础	1 设置状况是否稳定		√
		2 有无开裂、损伤		√
		3 锚具、螺栓有无生锈、松动		√
	灯体	1 有无损坏，亮度目测是否正常	√	
		2 防护等级检查	√	
照明线路*	总体	1 回路工作是否正常	√	
		2 有无腐蚀及损伤		√
		3 托架是否松动及损伤		√
		4 对地绝缘检查		√

注：带"*"的设备为该设施中的关键设备。

5.5.2 照明设施检修后，隧道路面亮度应满足设计要求。

5.5.3 照明设施检修除应配备电工工具、高空作业车、清洁卫生用具外，尚应配备照度仪、亮度仪等相关设备。

5.6 通风设施检修

5.6.1 通风设施的经常检修、定期检修主要项目及其检修频率可按表5.6.1确定。

表5.6.1 通风设施经常检修、定期检修主要项目及其检修频率

设施名称	检查项目	主要检查内容	经常检修 1次/1~3月	定期检修 1次/年
射流风机*	总体	1 风机运转过程中有无异响	√	
		2 风机运转时电流值是否在额定值内	√	
		3 风机反转是否正常	√	
		4 维护性开启频率	√（1次/15d）	
	各安装部位	1 有无松动、腐蚀现象	√	
		2 安全吊链的松紧程度	√	
	叶片	叶片是否清洁，有无异响		√
	电动机	1 转动轴有无振动、异响、过热		√
		2 润滑油的检查、更换及轴承清洗		√
		3 电机的拆卸检查、轴承清洗与油脂更换		√
		4 防护情况检查		√
		5 绝缘测试		√
		6 三相电流平衡试验		√
		7 运行中的电动机温升是否正常		√
	其他	拆卸组装后的风速及推力测试		√
轴流风机*	总体	1 运转状态有无异响和异常振动	√	
		2 各计量仪器、仪表读数是否正确	√	
		3 基础螺栓及连接螺栓的状态有无异常		√
		4 轴承温度、油温、油压有无异常		√
		5 振动测试有无异常		√
		6 逆转1h以上的工作状况有无异常		√
		7 与监控测试联动试验		√
		8 手动旋转的平衡状态		√
		9 正、反转间隔一定时间的试验		√
		10 叶片安装状态检查		√
		11 维护性开启频率	√（1次/15d）	
	减速机	1 油量是否正常	√	
		2 有无异响，油温是否正常		√
		3 润滑油老化试验		√
		4 更换油脂		√

续表 5.6.1

设施名称	检查项目	主要检查内容		经常检修 1次/1~3月	定期检修 1次/年
轴流风机*	润滑油冷却装置	1	配管、冷却器、交换器、循环泵的状态	√	
		2	运转中有无振动、异响、过热现象	√	
	气流调节装置	1	动作状态有无异常	√	
		2	内翼有无损伤、裂纹		√
		3	密封材料状态		√
	动翼、静翼及叶轮	1	翼面有无损伤、剥离		√
		2	焊接部有无损伤		√
		3	检查叶轮液压调节装置		√
轴流风机及离心风机*	导流叶片及异型管		有无生锈、涂装剥离、螺母松动		√
	驱动轴	1	接头、齿轮润滑状态有无异常	√	
		2	传动轴的振动与轴承温度有无异常	√	
		3	加油脂		√
	电动机	1	运转中有无异响、振动、过热	√	
		2	连接部的工作状态	√	
		3	绝缘测试		√
		4	三相电流平衡试验		√
	消音器	1	清扫消音器内壁灰尘		√
		2	噪声检测		√
		3	吸音材料检查与变质材料更换		√
	其他	1	仪表的检查、校正和更换		√
		2	供油装置的检验		√
		3	必要时的金属探伤		√
		4	组装、检查后的试运转及风速、推动测试		√

注：带"*"的设备为该设施中的关键设备。

5.6.2 通风设施检修应按各种设备的操作规程和养护要求进行，并使主要性能指标，如风速、推力、功率、噪声及防护等级等符合产品说明书的要求。

5.6.3 通风设施检修应配备专用电工工具和机修工具，必要时尚应配备风压计、风速计、声级计等相关设备。

5.6.4 在进行定期检修和专项工程后，应对隧道通风设施的效率进行全面测试，通风设施经检修后其通风能力应满足设计要求。

5.7 消防设施检修

5.7.1 消防设施经常检修、定期检修主要项目及其检修频率可按表 5.7.1 确定。在检修期间应有相应的防灾措施。

表 5.7.1 消防设施经常检修、定期检修主要项目及其检修频率

设施名称	检查项目	主要检查内容	经常检修 1次/1~3月	定期检修 1次/年
火灾报警设施*	点型感烟、感温探测器	1 清洁表面	√	
		2 各回路的报警随机抽检试验		√
	双/三波长火焰探测器	1 清洁表面	√	
		2 各回路的报警随机抽检试验		√
	线型感温光纤火灾探测系统	1 清洁表面	√	
		2 各回路的报警随机抽检试验		√
	光纤光栅感温火灾探测系统	1 清洁表面	√	
		2 各回路的报警随机抽检试验		√
	视频型火灾报警装置	1 清洁表面	√	
		2 各回路的报警随机抽检试验		√
	手动报警按钮	1 清洁表面	√	
		2 检查防水性能	√	
		3 报警信号及传输测试		√
		4 各回路的报警随机抽检试验		√
	火灾报警控制器	1 清洁表面	√	
		2 检查防水性能	√	
		3 线缆连接是否正常	√	
		4 报警试验		√
液位检测器	总体	1 电极棒液位控制装置检查		√
		2 浮球磁性液位控制器检查		√
		3 超声波液位计检查		√
		4 仪器检测精度标定		√
消火栓及灭火器*	总体	1 有无漏水、腐蚀，软管、水带有无损伤	√	
		2 室外消火栓的放水试验及水压试验		√
		3 泡沫消火栓的使用与防渣检查		√
		4 消水栓的放水试验及水压试验		√
		5 寒冷地区消防管道的防冻检修		√
		6 确认灭火器的数量及其有效期	√	
		7 灭火器腐蚀情况	√	
		8 设备箱体及标识检查	√	

续表 5.7.1

设施名称	检查项目	主要检查内容	经常检修 1次/1~3月	定期检修 1次/年
阀门	总体	1 外观检查，有无漏水、腐蚀	√	
		2 操作试验是否正常	√	
		3 导通试验	√	
		4 保温装置的状况		√
水喷雾灭火设施*	总体	1 检查系统组件工作状态	√	
		2 检查设备外表	√	
		3 检查管路压力	√	
		4 检查报警装置	√	
		5 检查系统功能	√	
		6 清洗雨淋阀本体的密封圈		√
		7 检查阀瓣断头和锁紧销		√
		8 清洗控制阀和密封膜		√
		9 管网耐压试验		√
水泵接合器*	总体	1 清洁表面、内部	√	
		2 检查密封性	√	
		3 送水加压功能是否正常		√
水泵*	总体	1 运转时有无异响、振动、过热，压力上升时闸阀的动作是否正常	√	
		2 外观有无污染与损伤	√	
		3 轴承部位加油与排气检查	√	
		4 启动试验与自动阀同时进行	√	
		5 紧固泵体各部连接螺栓	√	
		6 清除离心泵泵内垃圾	√	
电动机	总体	1 运转时有无异响、振动、过热	√	
		2 外观有无污染、损伤	√	
		3 电压、电流检测	√	
		4 启动试验	√	
		5 各连接部情况		√
		6 绝缘试验		√
给水管	总体	1 有无漏水，闸阀操作是否灵活	√	
		2 管支架是否腐蚀、松动		√
		3 洞外及隧道内水管的防冻、防盐雾腐蚀		√
		4 管过滤器清洗		√

续表 5.7.1

设施名称	检查项目	主要检查内容	经常检修 1次/1~3月	定期检修 1次/年
气体灭火设施	总体	1 与火灾报警控制器联动试验		√
		2 检查气溶胶		√
消防车、消防摩托车	总体	1 车辆保养	√	
		2 检查灭火装备	√	
消防水池*	总体	1 有无渗漏水	√	
		2 水位是否正常及液位检测器是否完好	√	
		3 泄水孔是否通畅	√	
		4 水池的清洁		√
		5 寒冷地区保温防冻检查		√
电光标志*	总体	1 检查、调节 LED 集束像素管的发光亮度	√	
		2 检查显示功能是否正常	√	
		3 外观有无污染、破损、锈蚀，字迹是否清晰	√	

注：带"＊"的设备为该设施中的关键设备。

5.7.2 消防设施的标志应保持完好、醒目。

5.8 监控与通信设施检修

5.8.1 监控与通信设施经常检修、定期检修主要项目及其检修频率可按表 5.8.1 确定。

表 5.8.1 监控与通信设施经常检修、定期检修主要项目及其检修频率

设施名称	检查项目	主要检查内容	经常检修 1次/1~3月	定期检修 1次/年
亮度检测器	总体	1 有无误差	√	
		2 安装是否松动等	√	
		3 仪器检测精度标定		√
能见度检测器	感光单元	1 外观有无污染、损伤	√	
		2 聚焦镜防护罩全面检查	√	
	监控单元	1 外观是否有污染、损伤	√	
		2 调整工作状态、透过率指标	√	
		3 计量仪、显示器、故障显示灯是否正常		√
		4 操作开关、继电器、电磁开关、配线断路器是否正常		√
		5 配线有无异常、污染、损伤、过热、松动、断线等		√
	仪器标定	仪器整体检测精度		√

续表 5.8.1

设施名称	检查项目	主要检查内容	经常检修 1次/1~3月	定期检修 1次/年
CO检测器	分析仪及自动校正装置	1 确认分析仪的指示值是否正确	√	
		2 空气过滤器是否有污染	√	
		3 确认除湿装置的功能		√
		4 确认自动校正装置的功能		√
		5 检查通风装置的功能		√
	吸气装置	1 吸气泵的运转有无异响、过热、振动	√	
		2 外观有无污染、损伤	√	
		3 检查检测仪读数有无异常	√	
	采气口	隧道采气口过滤器的更换		√
	监控单元	按"能见度检测器"中"监控单元"执行		√
	仪器标定	仪器整体检测精度		√
风速风向检测器	分析仪及自动校正装置	1 确认分析仪的指示值是否正确	√	
		2 确认自动校正装置的功能	√	
	监控单元	按"能见度检测器"中"监控单元"执行		√
	仪器标定	仪器整体检测精度		√
车辆检测器*	检测单元	1 外观有无污染、损伤		√
		2 检查动作及调整灵敏度		√
		3 安装状态		√
	监控单元	1 外观有无污染、损伤	√	
		2 运行状态	√	
		3 各种测量数据可靠度	√	
		4 测量仪、显示器、故障显示灯有无异常		√
		5 测定传输电流		√
		6 电子线路板、继电器的安装状态		√
		7 柜内配线有无损伤、过热、松动、断线		√
		8 检测线圈绝缘电阻及电感量		√
闭路电视监控系统*	摄像机	1 外观有无污染、损伤	√	
		2 动作确认	√	
		3 电流电压测量		√
		4 调整聚焦及焦距		√
	安装部位	是否松动、锈蚀		√

续表 5.8.1

设施名称	检查项目	主要检查内容	经常检修 1次/1~3月	定期检修 1次/年
闭路电视监控系统*	控制装置	1 外观有无污染、损伤	√	
		2 操作是否灵敏、正常	√	
		3 与紧急电话等的联动试验	√	
		4 与防灾控制的联动试验	√（1次/15d）	
		5 电压、电流测量	√	
		6 机内保养		√
	编解码器	编解码是否正常	√	
	视频矩阵	视频切换、控制是否正常	√	
	操作台	1 外观有无污染、损伤	√	
		2 功能是否正常	√	
	监视器	1 外观有无污染、损伤	√	
		2 图像是否清晰、稳定	√	
	硬盘录像机	1 检查BNC接头	√	
		2 测试硬盘录像机的指标	√（1次/周）	
视频交通事件检测器*	总体	1 外观有无污染、损伤	√	
		2 各种测量数据可靠度	√	
大屏幕投影系统	总体	1 亮度一致性	√	
		2 色彩、分辨率	√	
		3 经图像拼接控制器的视频图像	√	
		4 经RGB矩阵的PC信号质量	√	
		5 经网络的PC信号质量	√	
		6 对视频矩阵的调用、切换	√	
		7 开关视频、PC信号窗口	√	
		8 电源测试		√
		9 窗口缩放、移动、多视窗显示等	√	
		10 图像参数调整	√	
地图板	总体	1 日期、气象显示是否正确	√	
		2 其他显示功能是否正常	√	
		3 道路动态光带显示	√	
		4 亮度、色彩均衡和图像清晰度	√	
		5 电源测试	√	
		6 紧急电话摘、挂机信息显示		√

续表 5.8.1

设施名称	检查项目	主要检查内容	经常检修 1次/1~3月	定期检修 1次/年
紧急电话及广播*	中波播音装置	1 行车接听试验	√	
		2 外观有无污染、损伤	√	
		3 电压及输出功率测定		√
		4 调制输入确认		√
		5 设备清洁		√
	扩音装置	1 外观有无污染、损伤	√	
		2 电压、电流测量		√
		3 确认输出功率		√
	操作平台	1 外观有无污染、损伤	√	
		2 紧急播音试验		√
		3 监控试验		√
		4 电流、电压测量		√
	话筒	1 外观检查	√	
		2 紧急播音试验		√
	扩音器	1 安装状态检测		√
		2 接听试验		√
	紧急电话	1 外观有无污染、损伤	√	
		2 通话效果试验	√	
		3 内部检查		√
		4 测定输入、输出电流		√
		5 强制切断试验		√
		6 测定接地阻抗		√
本地控制器*	总体	1 浪涌保护器检查	√	
		2 加热器或散热器检查	√	
		3 电源测试		√
		4 数据采集周期	√	
		5 发送控制命令时延	√	
		6 独立运行功能测试	√	
		7 通信功能	√	
		8 传输性能	√	
		9 自检功能检查	√	
横通道门*	总体	1 是否损坏	√	
		2 开关是否自如	√	

续表 5.8.1

设施名称	检查项目	主要检查内容	经常检修 1次/1~3月	定期检修 1次/年
横通道控制箱*	总体	1 可编控制程序是否正确	√	
		2 自动及手动操作是否正确	√（1次/周）	
交通控制和诱导设施	可变信息标志	1 外观检查	√	
		2 查找不良像素管	√	
		3 清洁像素管、电路板		√
		4 运行检测程序检测整体性能		√
		5 各接线端子是否松动		√
		6 更换像素管		√
		7 紧固连接螺栓		√
	可变限速标志	1 外观检查	√	
		2 查找不良像素管	√	
		3 清洁像素管、电路板		√
		4 运行检测程序检测整体性能		√
		5 各接线端子是否松动		√
		6 更换像素管		√
	车道指示器	1 外观检查	√	
		2 查找不良像素管		√
		3 清洁像素管、电路板		√
		4 各接线端子是否松动		√
		5 更换像素管		√
		6 紧固连接螺栓		√
	交通信号灯	1 外观检查	√	
		2 查找不良像素管		√
		3 清洁像素管、电路板		√
		4 各接线端子是否松动		√
		5 更换像素管		√
通信设施*	光缆、电缆	1 光缆、电缆线路巡视检查	√	
		2 尾纤（缆）、终端盒、配线架外观检查	√	
		3 人孔内检查	√	
		4 光纤通道后向散射信号曲线测试检查		√
		5 电缆绝缘电阻测试		√
		6 光缆、电缆防雷和接地装置检查		√
	光端机	1 发送光功率	√	
		2 光接收灵敏度	√	
		3 传输误码率	√	

续表 5.8.1

设施名称	检查项目	主要检查内容		经常检修 1次/1~3月	定期检修 1次/年
通信设施*	路由器、交换机	1	设备运行情况和网络运行数据检查	√	
		2	告警显示检查	√	
		3	路由器的路由表和端口流量检查	√	
		4	交换机的VLAN表和端口流量检查	√	
		5	散热风扇检查	√	
监控室设备及系统*	总体	1	各部位清洁检查	√	
		2	各部位的电压、电流检查		√
		3	发热检查		√
		4	病毒的防治	√	
		5	系统启动的动作确认		√
		6	控制软件维护与系统联动		√
		7	打印设备状况检查		√
		8	系统时钟检查	√	
		9	硬件设备运行状况检查	√	
		10	设备功能与工作状态检查	√	
		11	数据保存、备份设备检查	√	
监控室	总体	1	温湿度及清洁检查	√（1次/周）	
		2	地板抗静电检查		√

注：带"＊"的设备为该设施中的关键设备。

5.8.2 高速公路隧道监控软件系统维护应不少于每年1次，一级及一级以下公路隧道监控软件系统维护宜不少于每年1次。维护时应对软件系统进行修改完善，保证联动运行功能的实现和软件可靠性各项技术措施的落实，并应按使用说明或用户手册进行。

5.9 机电设施技术状况评定

5.9.1 机电设施技术状况评定应根据日常巡查、经常检修和定期检修资料，结合设备完好率统计，确定机电设施的技术状况等级。

5.9.2 机电设施技术状况评定宜采用考虑机电设施各项目权重的评定方法。

5.9.3 机电设施技术状况应采用设备完好率进行评定，其计算方法应符合下列规定：
  1 设备完好率应按式（5.9.3）计算，各种机电设施可分系统并按对运营安全的重要度建立设备完好率考核指标。

$$设备完好率 = \left(1 - \frac{设备故障台数 \times 故障天数}{设备总台数 \times 日历天数}\right) \times 100\% \qquad (5.9.3)$$

2 机电设施设备完好率计算中的"设备台数"可按表5.9.3考核单位进行计算。

表5.9.3 机电设施设备完好率考核单位

分 项	设 备 名 称	单 位
供配电设施	高压断路器柜、高压互感器与避雷器柜、高压计量柜、高压隔离开关和负荷开关柜、电力变压器、箱式变电站、电力电容器柜、低压开关柜、配电箱、插座箱、控制箱、综合微机保护装置、直流电源、UPS电源、EPS电源、自备发电设备	台
	防雷装置、接地装置、变电所铁构件	个/处
	电力线缆、电缆桥架	条
照明设施	隧道灯具、洞外路灯	盏
	照明线路	条
通风设施	轴流风机及离心风机、射流风机	台
消防设施	双/三波长火焰探测器、视频型火灾报警装置、火灾报警控制器、电动机、气体灭火设施、消防车、消防摩托车	台
	点型感烟感温探测器、光纤光栅感温火灾探测系统、液位检测器、消火栓及灭火器、阀门、手动报警按钮、水泵接合器、水泵、消防水池、电光标志	个/处
	线型感温光纤火灾探测系统、水喷雾灭火设施、给水管	条
监控与通信设施	亮度检测器、能见度检测器、CO检测器、风速风向检测器、车辆检测器、摄像机、编解码器、视频矩阵、监视器、硬盘录像机、视频交通事件检测器、本地控制器、横通道控制箱、光端机、路由器、交换机	台
	大屏幕投影系统、地图板、有线广播、紧急电话、横通道门、可变信息标志、可变限速标志、车道指示器、交通信号灯、监控室设备	个/处
	光缆、电缆	条

5.9.4 机电设施各分项技术状况的评定方法应符合列规定：

1 机电设施各分项技术状况评定值分为0、1、2、3。机电设施各分项技术状况评定应按表5.9.4执行。

表5.9.4 机电设施分项技术状况评定表

分 项	状 况 值			
	0	1	2	3
供配电设施	设备完好率≥98%	93%≤设备完好率<98%	85%≤设备完好率<93%	设备完好率<85%
照明设施	设备完好率≥95%	86%≤设备完好率<95%	74%≤设备完好率<86%	设备完好率<74%
通风设施	设备完好率≥98%	91%≤设备完好率<98%	82%≤设备完好率<91%	设备完好率<82%
消防设施	消防设备完好率100%	95%≤设备完好率<100%	89%≤设备完好率<95%	设备完好率<89%
监控与通信设施	设备完好率≥98%	91%≤设备完好率<98%	81%≤设备完好率<91%	设备完好率<81%

2 当机电设施各分项中任一关键设备的设备完好率为该分项各类设备完好率最低时,该分项技术状况按该关键设备的设备完好率评定。

5.9.5 机电设施技术状况评定方法应符合下列规定:
1 机电设施技术状况评分应按式(5.9.5)计算。

$$JDCI = 100 \cdot \left(\frac{\sum_{i=1}^{n} E_i w_i}{\sum_{i=1}^{n} w_i} \right) \quad (5.9.5)$$

式中:E_i——按本规范第5.9.4条对各分项判定的设备完好率,0~100%;
　　　w_i——各分项权重;
　　$\sum w_i$——各分项权重和;
　　$JDCI$——机电设施技术状况评分,0~100。

2 机电设施各分项权重宜按表5.9.5-1取值。

表5.9.5-1　机电设施各分项权重表

分　项	分项权重 w_i	分　项	分项权重 w_i
供配电设施	23	消防设施	21
照明设施	18	监控与通信设施	19
通风设施	19		

3 机电设施技术状况评定分类界限值宜按表5.9.5-2规定执行。

表5.9.5-2　机电设施技术状况评定分类界限值

技术状况评分	隧道机电设施技术状况评定分类			
	1类	2类	3类	4类
JDCI	≥97	≥92,<97	≥84,<92	<84

5.9.6 对评定划定的各类机电设施,宜分别采取不同的养护措施:
1 1类机电设施应进行正常养护。
2 2类机电设施或评定状况值为1的分项,应进行正常养护,并对损坏设备及时修复。
3 3类机电设施或评定状况值为2的分项,宜实施专项工程,并应加强日常巡查。
4 4类机电设施或评定状况值为3的分项,应实施专项工程,并应加强日常巡查,并采取交通管制措施。
5 当各类机电设施的关键设备出现故障时,均应及时进行修复。

6 其他工程设施

6.1 一般规定

6.1.1 其他工程设施养护应包括日常巡查、清洁维护、检查评定、保养维修等内容。
　　1　日常巡查应包括日常巡查中发现、记录、报告或处理明显异常。
　　2　清洁维护应包括电缆沟与设备洞室的清理、洞口联络通道内垃圾清扫、洞口限高门架与洞口环保景观设施脏污清除、附属房屋设施的清洁维护。
　　3　检查评定应包括发现其他工程设施的异常，掌握并判定其技术状况，确定相应的养护对策或措施。
　　4　保养维修应包括其他工程设施的结构破损修复、环保景观设施的恢复及附属房屋的保养。

6.1.2 其他工程设施日常巡查、检查评定宜与隧道土建结构同步进行。

6.1.3 有特殊要求的其他工程设施应按相关规定进行养护，风机房、变电所、监控房及附属房屋水暖电的专业养护可按相关规定执行。

6.2 日常巡查

6.2.1 日常巡查是对其他工程设施使用情况进行的日常巡视检查，应符合下列规定：
　　1　巡查其他工程设施有无明显结构变形破坏，电缆沟、设备洞室是否存在明显涌水，洞外联络通道路面有无落物，洞口绿化区有无树木倾倒在行车限界范围内，污水处理设施有无明显淤积。
　　2　应对洞外联络通道隔离设施进行日常巡查，保证通道隔离设施完好，通道在正常状态下应处于封闭状态。

6.2.2 日常巡查中发现异常应进行记录、报告或处理。

6.3 清洁维护

6.3.1 其他工程设施的清洁维护频率不应低于表6.3.1的规定值。

表 6.3.1 其他工程设施清洁维护频率

分项设施	清洁维护频率
电缆沟、设备洞室	1次/季度
洞外联络通道	1次/月
洞口限高门架	1次/1年
洞口绿化	1次/1年
消音设施	1次/季度
减光设施	1次/1年
污水处理设施	1次/1年
洞口雕塑、隧道铭牌	1次/3年
房屋设施	楼地面、墙台面1次/周，吊顶、门窗1次/月，地基基础、屋面1次/年。风机房、变电所、监控房按机电设施的相关规定确定清洁维护频率

6.3.2 应定期清除电缆沟、设备洞室内的杂物积尘，清理排水设施，保持电缆沟内整洁、设备洞室内无积水。

6.3.3 应定期清扫洞外联络通道内路面、清除隔离设施脏污、清理排水设施，确保紧急情况下车辆、人员正常通行。

6.3.4 应定期清除洞口限高门架脏污，保持限高标志清晰醒目，清除、修复门架撞击痕迹，矫正门架变形，保证满足限高要求。

6.3.5 洞口绿化与植被应与周围环境协调，清洁维护工作应满足下列要求：
1 应定期修剪隧道进出口两侧 30～50m 范围内的乔木，避免侵入行车限界或影响行车视距。
2 适时修剪抚育树木，保持树木透光适度、通风良好，减少病虫害的发生。
3 适时修剪草皮，保持美观。

6.3.6 洞口雕塑、隧道铭牌宜定期清洗，保持整洁、美观。

6.3.7 应定期清洗消声设施污秽，修复或更换损坏部位、部件。

6.3.8 应定期扫除遮光棚顶垃圾、清除脏污，保持减光设施正常减光效果及外观的干净、整洁。

6.3.9 应定期清除污水处理池和净化池沉积的泥沙、杂物，污水处理池和净化池容积不应受挤占。

6.3.10 应定期进行附属房屋设施清洁维护，保持房屋及周围环境的整洁、美观，周围场地应排水畅通，并应符合下列规定：

1 应清除地基基础周围堆物、杂草，疏通排水系统，保证勒脚完好无损，防止地基浸水、冻害等。

2 应清除楼地面脏污、积尘，保持楼地面清洁。风机房、变电所、监控房等主要生产房屋地面应无积尘和油污；应疏通用水房间排水管道，楼地面应有效防水，避免室内受潮与虫害。

3 应清除墙台面及吊顶脏污、积尘，清洁墙台面及吊顶。

4 应清除门窗脏污、积尘，修复或更换破损部位（件），门窗应处于正常使用状态。

5 应清除屋面积雪、积尘，屋面应不渗漏。

6.4 检查评定

6.4.1 其他工程设施的检查可分为经常检查和定期检查，设备洞室渗漏水、房屋地基变形、基础沉降等异常情况可根据需要进行应急检查或专项检查。

6.4.2 附属房屋的防雷接地装置应在每年雷雨季前后进行检查。

6.4.3 其他工程设施检查的主要内容应按表6.4.3执行。

表6.4.3 其他工程设施检查的主要内容

分项设施	经常检查内容	定期检查内容
电缆沟	是否完好，有无涌水	是否完好，有无杂物、积尘、积水
设备洞室	是否完好，有无渗漏水，标志是否齐全	是否完好，有无渗漏水、杂物、积尘，标志是否齐全、清晰
洞外联络通道	隔离设施是否完好，标志是否齐全，路面有无落物	隔离设施是否完好，标志是否齐全、清晰，路面是否清洁、有无隆起积水
洞口限高门架	门架有无变形，结构是否完好，标志是否齐全	结构是否完好，标志是否齐全、清晰，门架有无变形，净空误差能否满足限高要求
洞口绿化	树木是否妨碍行车，有无树木枯死	树木是否妨碍行车，有无树木枯死、草皮失养，整体绿化效果是否美观
消音设施	是否完好	是否完好，是否具备消音功能
减光设施	结构是否完好	结构是否完好，标志是否齐全清晰，减光效果是否正常

续表 6.4.3

分项设施	经常检查内容	定期检查内容
污水处理设施	是否渗漏，有无淤积	是否渗漏，有无杂物、泥沙沉积
洞口雕塑、隧道铭牌	是否存在毁损	表面是否脏污，是否存在毁损
房屋设施	承重构件有无变形，非承重墙体有无渗漏，屋面有无渗漏，楼地面、门窗是否完好	承重构件有无变形、裂缝、松动；非承重墙体有无渗漏、破损；屋面排水是否通畅、有无渗漏；楼地面、门窗是否完好；顶棚有无变形；水卫、电照、暖气等设备是否完好，能否正常使用

6.4.4 应根据各分项设施完好程度、损坏发展趋势、设施使用正常程度等检查结果，确定各分项设施状况值。技术状况评定标准可按附录 D 执行。

6.4.5 应根据各分项设施状况值，按照表 6.4.5 的分项权重和式（6.4.5）计算技术状况分值，确定其他工程设施技术状况。多处同类分项设施应逐处评定，以分项状况值 $QTCI_i$ 最高的一处纳入技术状况评分计算公式。

表 6.4.5 其他工程设施各分项权重

分项设施	权重 w_i	分项设施	权重 w_i
电缆沟	10	消音设施	3
设备洞室	10	减光设施	10
洞外联络通道	9	污水处理设施	4
洞口限高门架	14	洞口雕塑、隧道铭牌	2
洞口绿化	3	房屋设施	35

注：表列其他工程设施出现增项时，可根据设施的重要性，参照表列分项设施权重和附录 D 分项技术状况评定标准，确定增项设施的权重和状况值，纳入公式进行计算。

$$QTCI = 100 \cdot \left[1 - \frac{1}{2}\sum_{i=1}^{n}\left(QTCI_i \times \frac{w_i}{\sum_{i=1}^{n} w_i}\right)\right] \quad (6.4.5)$$

式中：$QTCI$——其他工程设施技术状况评分；
$QTCI_i$——各分项设施状况值，值域为 0~2，见表 D.0.1~表 D.0.10；
w_i——各分项设施权重。

6.4.6 其他工程设施技术状况可分 3 类评定，分类判断标准及界限值宜按表 6.4.6 规定执行。

表 6.4.6 其他工程设施分类判定标准及界限值

设施技术状况分类	技术状态	$QTCI$ 界限值
1 类	设施完好无异常，或有异常、破损情况但较轻微，能正常使用	≥70
2 类	设施存在破损，部分功能受损，维护后能使用，应准备采取对策措施	40~70
3 类	设施存在严重破损，使用功能大部分或完全丧失，必须停用并采取紧急对策措施	<40

6.4.7 对评定划分的各类设施，应分别采取不同的养护对策：
1 设施技术状态为1类及状况值评定为0的分项设施，正常使用，正常养护。
2 设施技术状态为2类及状况值评定为1的分项设施，观察使用，保养维修。
3 设施技术状态为3类及评定状况值为2的分项设施，停止使用，尽快进行维修加固。

6.5 保养维修

6.5.1 电缆沟、设备洞室应进行保养，对破损的沟壁、洞室壁应维修恢复，设备洞室的渗漏水应查明原因并进行处治，保持电缆沟、设备洞室的完好和正常使用。电缆沟、设备洞室的结构破损及渗漏水的保养维修可与土建结构的保养维修或病害整治同时进行。

6.5.2 洞口限高门架与减光设施的结构应进行保养，门架结构破损或变形应进行维修恢复，保证门架满足限高功能要求；减光设施的结构破损、遮光顶棚缺失应进行维修恢复，保持减光效果正常。

6.5.3 对损坏的洞口雕塑、隧道铭牌应进行维修或拆换；污水处理池和净化池的渗漏应查明原因并处治，保持池壁、池底无渗漏。

6.5.4 洞外联络通道路面保养维修应按相关规范要求办理。

6.5.5 附属房屋设施的保养维修应符合下列规定：
1 房屋屋面及墙体渗漏应进行保养维修。
1）屋面渗漏维修工程应根据房屋防水等级、使用要求、渗漏现象及部位，查明渗漏原因，找准漏点，制订相应的维修方案；
2）选用材料应与原防水层相容，与基层应结合牢靠；
3）屋面防水层维修完成后应平整，不得积水、渗漏；
4）墙体渗漏维修前，应对渗漏墙体的墙面、外部粉刷分格缝、门窗框周围、窗台、穿墙管根部、阳台和雨棚与墙体的连接处、变形缝等渗漏部位进行现场查勘，确定渗漏部位，查明渗漏原因，制订相应的维修方案；
5）墙体维修后不得出现渗漏水现象，应在完工3d后进行检验，墙面冲水或雨淋2h后无渗漏水。
2 房屋墙体粉刷后，起壳、剥落、疏松等损坏部位应凿除并清理干净后重新粉刷。
3 房屋的木门窗可两年油漆一次，损坏的门窗应进行修理或更换。
4 房屋的钢构件应定期进行保养维修，清除锈蚀，并按规定涂刷防锈漆和油漆。
5 防雷接地装置的损坏、锈蚀应予以保养维修。

1）修换防雷接地装置前，应对接地体进行接地电阻测试，接地线和接地体焊接开焊、断裂的应修理或更换，完好的应除锈刷防锈漆；

2）接地体锈蚀严重无法修复时，按设计要求换装新接地体；

3）修换防雷装置前，对避雷网、避雷带、引下线等发生开焊、变形的应修复，对防锈漆脱落的应除锈刷漆；

4）修换接地装置及固件均宜采用镀锌制品，各部连接点应牢固可靠。

6 防冻保温设施应进行周期性的保养维修，宜不少于1次/年。

7 安全管理

7.1 一般规定

7.1.1 隧道的安全管理应包括养护作业和突发事件时的交通组织和安全防护。

7.1.2 宜借助监控、专项监测、人员值守等手段，及时掌握公路隧道的异常信息，作出研判并采取必要的交通组织和安全防护。

7.1.3 隧道养护作业及处理突发事件时，应在隧道入口设置相应的提示、警告标志。

7.1.4 隧道上方和洞口外100m范围内，严禁从事采矿、采石、取土、倾倒废弃物、爆破作业等危及公路隧道安全的活动。

7.1.5 隧道内严禁存放易燃、易爆、剧毒、放射性等危险物品，隧道内的紧急停车带、车行（人行）横通道不得堆放杂物。

7.2 养护作业的安全管理

7.2.1 养护作业宜选择在交通量较小时段进行，应少占道，减少对行车的影响。

7.2.2 养护作业应保护隧道设施、设备不受损坏。

7.2.3 隧道养护作业应制订交通组织方案，影响车辆通行时，应按相关规定向社会公告。

7.2.4 隧道内进行养护作业，应执行现行《公路养护安全作业规程》（JTG H30）的有关规定。

7.2.5 车流量较大、交通组织较为困难的隧道内养护作业占道施工时，除应利用标志或可变情报板等进行提示外，尚宜采取固定隔离、强制减速、防撞装置等安全保障措施。

7.2.6 养护作业应保证养护作业人员、机械设备的安全。

7.2.7 在进行养护作业前，应做好下列工作：
1 制订周密的施工组织设计，确定合理的养护作业控制区。
2 作业人员应接受专门的安全教育和作业规程训练。
3 检测隧道内 CO、烟雾等有害气体的浓度及能见度，判定施工的安全性。
4 观察隧道结构状况是否会影响作业安全，如有危险，应先处理后作业。
5 检查施工信号灯是否准确、明显，施工标志设置是否规范。
6 对养护机械、台架应进行全面的安全检查，并应在机械上设置醒目的反光标志，在台架周围设置防眩灯，显示作业现场的轮廓。

7.2.8 在隧道内进行养护作业时，应遵守下列规定：
1 养护作业控制区经划定后不得随意变更。
2 作业人员不得在养护作业控制区外活动或将机械设备、材料置于养护作业控制区以外。
3 养护施工路段内的照明应符合作业要求。
4 养护施工路段内的空气质量应符合相关规定。
5 养护作业用电安全应符合相关规定。

7.2.9 养护作业完成后，应及时清理作业现场，并逆车流方向拆除交通管制标志，恢复隧道的正常使用状态。

7.2.10 电力设施、高空作业、特种设备等有特别要求的维护，应按有关部门的安全操作规程执行。

7.3 突发事件的安全管理

7.3.1 隧道突发事件的处置宜按下列原则执行：
1 按相关规定报送相关单位和向社会发布信息。
2 配合实行交通管制，采取措施减少次生事故发生。
3 进行人员救护和疏散，尽量减小人员伤亡。
4 配合所在地政府和相关专业机构做好处置工作。
5 尽快清除障碍，恢复交通。

7.3.2 应定期检查隧道救援设备、设施，保证其处于良好的技术状态。

7.3.3 隧道管养单位应制订突发事件的应急预案并进行预案演练。特长隧道、长隧

道应制订专项应急预案,其他隧道可制订通用应急预案。应急预案应包括下列内容:
 1 适用范围和事件类型;
 2 处置目标和原则;
 3 指挥调度体系和信息报送发布规定;
 4 处置方案和步骤,包括交通管制、处置队伍进场、疏散和人员救护、现场处置、损失检查与通行条件评估;
 5 应急队伍的组成,包括人员和装备的来源、规模、作用和现场安全防护等要求。

7.3.4 应急预案的演练应采用答题演练、沙盘演练或实地演练等形式进行。高速公路独立长隧道或特长隧道,及其他公路的独立特长隧道,每年应进行不少于一次的实地演练。管理多座长隧道、特长隧道的管养单位,每年应选取不少于一座隧道进行实地演练。未进行实地演练的管养单位应观摩或参与其他单位组织的实地演练。

7.3.5 突发事件处理后,应分析事故原因,总结经验教训,提高应急处置能力。

8 技术管理

8.0.1 应以单座隧道为单元,建立包含有隧道交竣工资料、日常巡查、检查及评定资料、保养维修等各类资料的养护技术档案。

8.0.2 宜建立隧道养护管理数据库,包括文字信息、数字信息和影像信息。在隧道检查中发现严重异常或缺损情况,应拍摄影像资料录入隧道养护管理数据库,及时更新相关信息。

8.0.3 公路隧道养护管理单位应按照养护等级和养护需求,配备专门的技术人员,分类制定隧道养护工作技术要求。

8.0.4 应定期组织隧道养护技术人员进行养护技术培训。

8.0.5 应结合隧道养护管理数据库和检查评定结果,正确评价和掌握公路隧道技术状况,动态分析病害成因,预测病害发展趋势,为养护工程决策提供科学依据。

8.0.6 公路隧道发生火灾、交通事故、地震、坍塌等突发事件时,应掌握隧道运行状况,并按规定报送相关信息。

附录 A 土建结构检查记录表

A.0.1 可按表 A.0.1 规定的信息采集要求，制定经常检查记录表。

表 A.0.1 经常检查记录表

隧道名称：_____（上行洞/下行洞） 路线名称：_____
隧道编码：_____ 路线编码：_____
养护机构：_____ 检查日期：___年___月___日 天气：___

里程桩号/异常位置	结构名称	检查内容	异常描述（性质、范围、程度等）	判定		养护措施		
				一般异常	严重异常	跟踪监测	维修处治	定期或专项检查

检查人：_____ 记录人：_____

A.0.2 可按表 A.0.2 规定的信息采集要求，制定定期检查和应急检查记录表。如有照片等资料可单独编辑成册，将其编号填入表中对应栏中。

表 A.0.2　定期（特别）检查记录表

隧道名称：_____

隧道编码：_____　　路线名称：_____

养护机构：_____　　路线编码：_____

上次检查日期：_____年___月___日　　本次检查日期：_____年___月___日

里程桩号	结构名称	缺损位置	检查内容	状况描述（性质、范围、程度等）	标度（0~4）	影像或图片（编号/时间）

检查人：　　　　　　　　　　　　　　　记录人：

A.0.3　隧道展示图可按图 A.0.3-1 所示采用，其图例可按图 A.0.3-2 所示采用。

	桩号	
土建结构	左墙	
	拱部	
	右墙	

隧道名称：_____　　检查日期：_____年___月___日

检查人：　　　　　　　　　　　　　　　记录人：

图 A.0.3-1　隧道展示图

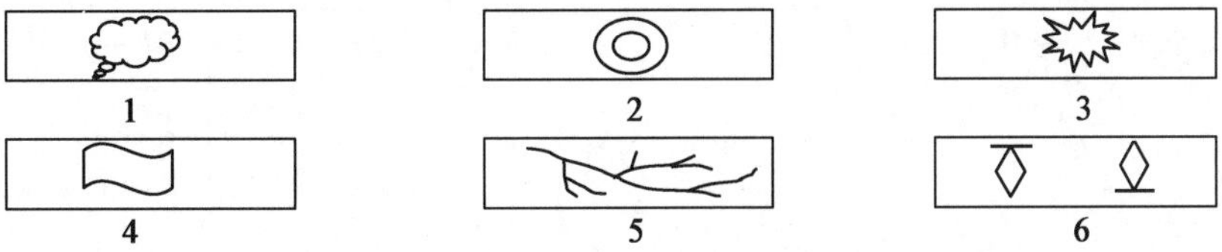

图 A.0.3-2　病害表述图例

1-出水冒泥；2-衬砌凸起；3-围岩碎落；4-墙体变形；5-衬砌或围岩开裂；6-漏水、挂冰、堆冰

附录 B 土建结构技术状况评定标准

表 B-1 隧道洞口技术状况评定标准

状况值	技术状况描述
0	完好，无破坏现象
1	山体及岩体、挡土墙、护坡等有轻微裂缝产生，排水设施存在轻微破坏
2	山体及岩体裂缝发育，存在滑坡、崩塌的初步迹象，坡面树木或电线杆轻微倾斜，挡土墙、护坡等产生开裂、变形，土石零星掉落，排水设施存在一定裂损、阻塞
3	山体及岩体严重开裂，坡面树木或电线杆明显倾斜，挡土墙、护坡等产生严重开裂、明显的永久变形，墙角或坡面有土石堆积，排水设施完全堵塞、破坏，排水功能失效
4	山体及岩体有明显而严重的滑动、崩塌现象，挡土墙、护坡断裂、外倾失稳、部分倒塌，坡面树木或电线杆倾倒等

表 B-2 隧道洞门技术状况评定标准

状况值	技术状况描述
0	完好，无破坏现象
1	墙身存在轻微的开裂、起层、剥落
2	墙身结构局部开裂，墙身轻微倾斜、沉陷或错台，壁面轻微渗水，尚未妨害交通
3	墙身结构严重开裂、错台；边墙出现起层、剥落，混凝土块可能掉落或已有掉落；钢筋外露、受到锈蚀，墙身有明显倾斜、沉陷或错台趋势，壁面严重渗水（挂冰），将会妨害交通
4	洞门结构大范围开裂、砌体断裂、混凝土块可能掉落或已有掉落；墙身出现部分倾倒、垮塌，存在喷水或大面积挂冰等，已妨碍交通

表 B-3 衬砌破损技术状况评定标准

状况值	技术状况描述	
	外荷载作用所致	材料劣化所致
0	结构无裂损、变形和背后空洞	材料无劣化
1	出现变形、位移、沉降和裂缝，但无发展或已停止发展	存在材料劣化，钢筋表面局部腐蚀，衬砌无起层、剥落，对断面强度几乎无影响
2	出现变形、位移、沉降和裂缝，发展缓慢，边墙衬砌背后存在空隙，有扩大的可能	材料劣化明显，钢筋表面全部生锈、腐蚀，断面强度有所下降，结构物功能可能受到损害

续表 B-3

状况值	技术状况描述	
	外荷载作用所致	材料劣化所致
3	出现变形、位移、沉降，裂缝密集，出现剪切性裂缝，发展速度较快；边墙处衬砌压裂，导致起层、剥落，边墙混凝土有可能掉下；拱部背面存在大的空洞，上部落石可能掉落至拱背；衬砌结构侵入内轮廓界限	材料劣化严重，钢筋断面因腐蚀而明显减小，断面强度有相当程度的下降，结构物功能受到损害；边墙混凝土起层、剥落，混凝土块可能掉落或已有掉落
4	衬砌结构发生明显的永久变形，裂缝密集，出现剪切性裂缝，裂缝深度贯穿衬砌混凝土，并且发展快速；由于拱顶裂缝密集，衬砌开裂，导致起层、剥落，混凝土块可能掉下；衬砌拱部背面存在大的空洞，且衬砌有效厚度很薄，空腔上部可能掉落至拱背；衬砌结构侵入建筑限界	材料劣化非常严重，断面强度明显下降，结构物功能损害明显；由于拱部材料劣化，导致混凝土起层、剥落，混凝土块可能掉落或已有掉落

表 B-4　衬砌渗漏水技术状况评定标准

状况值	技术状况描述
0	无渗漏水
1	衬砌表面存在浸渗，对行车无影响
2	衬砌拱部有滴漏，侧墙有小股涌流，路面有浸渗但无积水，拱部、边墙因渗水少量挂冰，边墙脚积冰，不久可能会影响行车安全
3	拱部有涌流、侧墙有喷射水流，路面积水，沙土流出、拱部衬砌因渗水形成较大挂冰、胀裂，或涌水积冰至路面边缘，影响行车安全
4	拱部有喷射水流，侧墙存在严重影响行车安全的涌水，地下水从检查井涌出，路面积水严重，伴有严重的沙土流出和衬砌挂冰，严重影响行车安全

表 B-5　隧道路面技术状况评定标准

状况值	技术状况描述
0	路面完好
1	路面有浸湿、轻微裂缝、落物等，引起使用者轻微不舒适感
2	路面有局部的沉陷、隆起、坑洞、表面剥落、露骨、破损、裂缝，轻微积水，引起使用者明显的不舒适感，可能会影响行车安全
3	路面出现较大面积的沉陷、隆起、坑洞、表面剥落、露骨、破损、裂缝、积水严重等，影响行车安全；抗滑系数过低引起车辆打滑
4	路面出现大面积的明显沉陷、隆起、坑洞，路面板严重错台、断裂、表面剥落、露骨、破损、裂缝，出现漫水、结冰或堆冰，严重影响交通安全，可能导致交通意外事故

表 B-6　检修道技术状况评定标准

状况值	技术状况描述	
	定性描述	定量描述
0	护栏、路缘石及检修道面板均完好	—
1	护栏变形，路缘石或检修道面板少量缺角、缺损，金属有局部锈蚀，尚未影响其使用功能	护栏、面板、路缘石损坏长度≤10%，缺失长度≤3%

续表 B-6

状况值	技术状况描述	
	定性描述	定量描述
2	护栏变形损坏，螺栓松动、扭曲，金属表面锈蚀，部分路缘石或检修道面板缺损、开裂，部分功能丧失，可能会影响行人和交通安全	护栏、面板、路缘石损坏长度>10%且≤20%，缺失长度>3%且≤10%
3	护栏倒伏、严重损坏，侵入限界，路缘石或检修道面板缺损开裂或缺失严重，原有功能丧失，影响行人和交通安全	护栏、面板、路缘石缺失率>20%，缺失长度>10%

表 B-7 洞内排水设施技术状况评定标准

状况值	技术状况描述
0	设施完好，排水功能正常
1	结构有轻微破损，但排水功能正常
2	轻微淤积，结构有破损，暴雨季节出现溢水，可能会影响交通安全
3	严重淤积，结构较严重破损，溢水造成路面局部积水、结冰，影响行车安全
4	完全阻塞，结构严重破损，溢水造成路面积水漫流、大面积结冰，严重影响行车安全

表 B-8 吊顶及预埋件技术状况评定标准

状况值	技术状况描述
0	吊顶完好
1	存在轻微变形、破损、浸水，尚未妨碍交通
2	吊顶破损、开裂、滴水，吊杆等预埋件锈蚀，尚未影响交通安全
3	吊顶存在较严重的变形、破损，出现涌流、挂冰，吊杆等预埋件严重锈蚀，可能影响交通安全
4	吊顶严重破损、开裂甚至掉落，出现喷涌水、严重挂冰，各种预埋件和悬吊件严重锈蚀或断裂，各种桥架和挂件出现严重变形或脱落，严重影响行车安全

注：本分项含各种灯具、通风机等拱顶设备的悬吊结构评定。

表 B-9 内装饰技术状况评定标准

状况值	技术状况描述	
	定性描述	定量描述
0	内装饰完好	—
1	个别内装饰板或瓷砖变形、破损，不影响交通	损坏率≤10%
2	部分内装饰板或瓷砖变形、破损、脱落，对交通安全有影响	损坏率>10%，且≤20%
3	大面积内装饰板或瓷砖变形、破损、脱落，严重影响行车安全	损坏率>20%

表 B-10 交通标志标线技术状况评定标准

状况值	技术状况描述	
	定性描述	定量描述
0	完好	—
1	存在脏污、不完整，尚未妨碍交通	损坏率≤10%
2	存在脏污、部分脱落、缺失，可能会影响交通安全	损坏率>10%，且≤20%
3	大部分存在脏污、脱落、缺失，影响行车安全	损坏率>20%

表 B-11 土建结构技术状况评定表

隧道情况	隧道名称		路线名称		隧道长度		建成时间	
评定情况	管养单位		上次评定等级		上次评定日期		本次评定日期	

洞门、洞口技术状况评定	分项名称	位置	状况值	权重 w_i	检测项目	位置	状况值	权重 w_i
	洞口	进口			洞门	进口		
		出口				出口		

编号	里程	状 况 值							
		衬砌破损	渗漏水	路面	检修道	排水设施	吊顶	内装饰	标志标线
1									
2									
3									
4									
5									
6									
7									
8									
9									
10									
11									
12									
13									
14									
15									
16									
17									
18									
19									
20									
max($JGCI_{ij}$)									
权重 w_i									

$JGCI = 100 \cdot \left[1 - \frac{1}{4} \sum_{i=1}^{n} \left(JGCI_i \times \frac{w_i}{\sum_{i=1}^{n} w_i} \right) \right]$		土建结构评定等级	
养护措施建议			
评定人		负责人	

附录 C 机电设施技术状况评定及检查记录表

C.0.1 机电设施技术状况评定可按表 C.0.1 填写。

表 C.0.1 机电设施技术状况评定表

隧道情况	隧道名称		路线名称		隧道长度		建成时间	
评定情况	管养单位		上次评定等级		上次评定日期		本次评定日期	
设施名称		供配电设施		照明设施		通风设施	消防设施	监控与通信设施
设备完好率 E_i								
评定状况值（0~3）								
权重 w_i								
$JDCI = 100 \cdot (\sum_{i=1}^{n} E_i w_i / \sum_{i=1}^{n} w_i)$						机电设施评定等级		
养护措施建议								
评定人						负责人		

C.0.2 日常巡查记录可按表 C.0.2 填写。

表 C.0.2 日常巡查记录表

隧道名称：_____（上行洞/下行洞） 路线名称：_____
隧道编码：_____ 路线编码：_____
养护机构：_____ 检查日期：___年___月___日 天气：___

设备名称					
检查位置					
检查内容					
检查结果	正常		异常		异常且严重
巡视车、作业车使用情况	车号				
	台数				
注意事项					

检查人： 记录人：

C.0.3 经常性检修和定期检修记录表可按表 C.0.3 所示采用。如有照片等资料可单独编辑成册，将其编号填入表中对应栏中。

表 C.0.3　经常性（定期）检修记录表

隧道名称：_____（上行洞/下行洞）　　路线名称：_____
隧道编码：_____　　　　　　　　　　路线编码：_____
养护机构：_____　　　　　　　　　　检修日期：____年___月___日　天气：___

设备名称	检查位置	检查内容	检查结果	异常描述（性质、范围、程度等）	养护措施	照片或图片（编号/时间）
			正常			
			异常			
			异常且严重			
⋮					⋮	

检查人：　　　　　　　　　　　　　　记录人：

C.0.4　机电设施故障可按表 C.0.4 填写。

表 C.0.4　机电故障记录表

隧道名称：_____（上行洞/下行洞）　　路线名称：_____
隧道编码：_____　　　　　　　　　　路线编码：_____
养护机构：_____　　　　　　　　　　故障日期：____年___月___日　天气：___

1	设备名称	
2	设备位置	
3	故障部位	
4	故障的原因及内容	
5	应急措施	

检查人：　　　　　　　　　　　　　　记录人：

C.0.5　机电设施故障月报表可按表 C.0.5 填写。

表 C.0.5　机电设施故障月报表

隧道名称：_____（上行洞/下行洞）　　路线名称：_____
隧道编码：_____　　　　　　　　　　路线编码：_____
养护机构：_____　　　　　　　　　　日　期：____年___月___日

编号	故障日	故障地点	设备名称	故障或事故概要	原因及处置	修复时间	备注

制表：　　　　　　　　　　　复核：　　　　　　　　　　　审定：

附录 D 其他工程设施技术状况评定表

D.0.1 电缆沟技术状况评定可按表 D.0.1 采用。

表 D.0.1 电缆沟技术状况评定标准

状况值	技术状况描述
0	电缆沟结构完好~基本完好,沟内无杂物、积尘积水或少量积尘积水,能保障电缆正常~基本正常使用
1	电缆沟结构破损,沟内积尘积水,影响电缆正常使用但不影响交通和行人安全
2	电缆沟结构破损严重,沟内积尘积水严重,严重影响电缆正常使用,可能会影响交通和行人安全

D.0.2 设备洞室技术状况评定可按表 D.0.2 采用。

表 D.0.2 设备洞室技术状况评定标准

状况值	技术状况描述
0	设备洞室结构完好或基本完好,无渗漏水或少量渗漏水,标志齐全清晰或部分缺失,能保障设备正常使用
1	设备洞室结构破损,洞室内渗漏水,标志缺失,影响设备正常使用,不影响交通和行人安全
2	设备洞室结构破损严重,洞室内渗漏水严重,标志缺失,严重影响设备正常使用,可能影响交通和行人安全

D.0.3 洞口联络通道技术状况评定可按表 D.0.3 采用。

表 D.0.3 洞口联络通道技术状况评定表

状况值	技术状况描述
0	隔离设施整洁完好或基本完好,少量脏污,标志齐全或部分缺失,通道路面完好或轻微裂缝,排水基本通畅,能保障正常情况下通道处于封闭状态,紧急状况下正常~基本正常使用
1	隔离设施部分缺失、脏污严重,标志缺失,通道路面有微小沉陷、隆起、有积水,能保障正常情况下车辆不误入,紧急状况下车辆能通过
2	隔离设施缺失,通道路面有明显的隆起、积水严重,标志缺失,不能保障正常情况下通道处于封闭状态及紧急状况下车辆通过

D.0.4 洞口限高门架技术状况评定可按表 D.0.4 采用。

其他工程设施技术状况评定表

表 D.0.4 洞口限高门架技术状况评定表

状况值	技 术 状 况 描 述
0	门架结构完好或轻微破损，外观整洁，标志基本齐全，满足限高要求
1	门架结构破损、变形较严重，标志部分缺失，净空误差大但基本满足限高要求，不影响交通安全
2	门架结构破损或整体变形，标志缺失，净空误差很大不能满足限高要求，可能影响交通安全

D.0.5 洞口绿化技术状况评定可按表 D.0.5 采用。

表 D.0.5 洞口绿化技术状况评定表

状况值	技 术 状 况 描 述
0	树木透光适度、通风良好，无枯死，草皮适时修剪，整体绿化效果美观
1	无杂草、无枯死，发现死树及时清除补种，整体绿化效果较美观
2	树木枯死、倾倒，草皮失养，严重影响洞口美观

D.0.6 消音设施技术状况评定可按表 D.0.6 采用。

表 D.0.6 消音设施技术状况评定表

状况值	技 术 状 况 描 述
0	完好、整洁，消音功能正常
1	存在脏污、缺失，基本具备消音功能
2	缺失、脏污十分严重，失去消音功能

D.0.7 洞口减光设施技术状况评定可按表 D.0.7 采用。

表 D.0.7 洞口减光设施技术状况评定表

状况值	技 术 状 况 描 述
0	结构完好、整洁或轻微破损、脏污，标志基本齐全清晰，减光效果基本正常
1	结构局部变形、破损，标志缺失，减光效果部分丧失，不影响交通和行人安全
2	结构变形、破损严重，标志缺失，减光效果基本丧失，可能影响交通和行人安全

D.0.8 污水处理设施技术状况评定可按表 D.0.8 采用。

表 D.0.8 污水处理设施技术状况评定表

状况值	技 术 状 况 描 述
0	污水处理池和净化池不渗漏，无沉积泥沙、杂物，使用正常
1	污水处理池和净化池池壁局部渗漏，沉积泥沙、杂物，影响正常使用
2	污水处理池和净化池渗漏非常严重，泥沙、杂物沉积非常严重，无法正常使用

D.0.9 洞口雕塑技术状况评定可按表 D.0.9 采用。

表 D.0.9 洞口雕塑技术状况评定表

状况值	技 术 状 况 描 述
0	完好，整洁美观
1	破损较严重，表面脏污非常严重，影响洞口景观
2	严重破损，需更换

D.0.10 附属房屋技术状况评定可按表 D.0.10 采用。

表 D.0.10 附属房屋技术状况评定表

状况值	技 术 状 况 描 述
0	承重构件完好或基本完好，非承重墙体完好或少量损坏；屋面、墙体无渗漏或局部渗漏；楼地面平整完好或稍有裂缝，门窗基本完好，顶棚无明显变形，水卫、电照、暖气等设备基本完好、能使用正常或基本正常使用
1	承重构件少量损坏，非承重墙体较严重损坏；屋面、墙体局部渗漏较严重；楼地面严重起砂；门窗变形较严重或部分缺失；顶棚明显变形；水卫、电照、暖气等设备损坏较严重，基本无法正常使用
2	承重构件明显损坏，非承重墙体严重损坏；屋面严重漏雨；楼地面严重起砂开裂；门窗严重变形或大部分缺失；顶棚严重变形；水卫、电照、暖气等设备有严重损坏，无法正常使用

本规范用词用语说明

1 本规范执行严格程度的用词,采用下列写法:
1)表示很严格,非这样做不可的用词,正面词采用"必须",反面词采用"严禁";
2)表示严格,在正常情况下均应这样做的用词,正面词采用"应",反面词采用"不应"或"不得";
3)表示允许稍有选择,在条件许可时首先应这样做的用词,正面词采用"宜",反面词采用"不宜";
4)表示有选择,在一定条件下可以这样做的用词,采用"可"。

2 引用标准的用语采用下列写法:
1)在标准总则中表述与相关标准的关系时,采用"除应符合本规范的规定外,尚应符合国家和行业现行有关标准的规定";
2)在标准条文及其他规定中,当引用的标准为国家标准和行业标准时,表述为"应符合《××××××》(×××)的有关规定";
3)当引用本标准中的其他规定时,表述为"应符合本规范第×章的有关规定"、"应符合本规范第×.×节的有关规定"、"应符合本规范第×.×.×条的有关规定"或"应按本规范第×.×.×条的有关规定执行"。

附件

《公路隧道养护技术规范》

(JTG H12—2015)

条文说明

1 总则

1.0.3 本规范所说的土建结构包括洞门、洞身、路面、人（车）行横通道、斜（竖）井、通风道及防排水设施等。机电设施包括为保证隧道内行车安全和良好环境所必需的供配电、通风、照明、防灾、监控等相关设施。其他工程设施涵盖除土建结构和机电设施之外的隧道设施。

1.0.4 "预防为主，防治结合"意在加强公路隧道技术状况的调查，及时发现和消除隐患，保障行车安全、畅通与舒适。

1.0.5 由于公路隧道的规模、交通量、公路等级、地质情况、技术状况等差异性较大，从而其养护要求（内容、项目、频率）存在差异。为适应这种差异性的养护需求，应明确按照不同等级来进行隧道养护工作。

1.0.6 每座隧道由于不同自然环境的影响，其所发生的结构破损情况和设施状况不一样，因此应根据具体情况制订相应的养护计划和方案。

1.0.7 建设期间有关隧道的设计文件和竣工资料是制订养护维修方案的重要依据，故要求收集齐全。为提高养护管理和决策工作的科学化水平和效率，有必要建立隧道养护技术档案。在有条件的情况下，应鼓励运用信息化手段，建立公路隧道管理数据库，实现高效、科学的养护管理。

1.0.8 洞内养护作业时采取的安全措施是为了防止养护作业与通行车辆互相干扰，保障养护作业人员和驾乘人员的安全。

1.0.9 总体而言，我国公路隧道工程养护技术水平还较低、手段落后、信息化程度不高、管理滞后。为了提高隧道养护质量和技术水平，有必要积极采用隧道养护新技术、新材料、新设备和新工艺，使我国隧道养护技术尽快达到较先进水平。

3 养护等级与技术状况评定

3.1 养护等级

3.1.1 同等级公路的隧道，因交通量、技术状况和自然条件的不同，其养护需求和养护资源并不一致。在实际工作中，需要细化同等级公路隧道的养护要求，来满足这种差异化的养护需求，这正是本规范提出"养护分级"的初衷。通过对国内相关养护规范调研发现：现行城市道路、桥梁和隧道养护规范中，均明确划分了养护等级。虽然在现行公路养护技术标准体系中没有"养护等级"的概念，但是分级养护思想已经体现在养护规范中，针对不同类别公路实行了差异化的养护频率和养护技术标准。

根据相关调研分析发现，决定公路养护等级的因素主要有：公路等级、交通量、技术状况、气候条件等。公路隧道进行养护等级划分时考虑的主要因素是公路等级、交通量和隧道规模。在实际应用中，由于各地情况不同，可根据其他指标对养护等级进行适当调整。

所谓年平均日交通量 $AADT$，是指将一年内观测的交通量总和，除以一年的总天数（365），所得平均值（单位：veh/d），计算公式为：

$$AADT = \frac{1}{365}\sum_{i=1}^{n} Q_i$$

在分析计算通行能力和服务水平时，需要将实际或预计的交通组成中各类车辆交通量与标准小客车进行换算（折算后的交通量单位：pcu/d）。根据交通运输部《关于调整公路交通情况调查车型分类及折算系数的通知》（厅规划字〔2010〕205号），机动车型折算系数参考值见表3-1。用于交通量换算的折算系数是在特定的公路、交通组成条件下，所有非标准车相当于标准车（小客车）对交通流影响的当量值。

表3-1 机动车型折算系数参考值

车型	汽车						摩托车	拖拉机
一级分类	小型车		中型车	大型车	特大型车			
二级分类	中小客车	小型客车	大客车	中型货车	大型货车	特大型货车	集装箱车	
参考折算系数	1	1	1.5	1.5	3	4	4	1	4

当公路建成投入使用后，管养单位通过交通量调查测试设备获取的数据通常为混合交通量（veh/d），可通过表3-1进行换算，得到折合成小客车的年平均日交通量（pcu/d）。

通过养护等级划分，可以起到合理配备养护资源的作用。一级养护需要配备的养护资源和技术力量最强；二级养护需要配备的养护资源和技术力量次之；三级养护需要配备的养护资源和技术力量少。

在实际使用时，由于交通量、隧道长度、地质条件、水文条件和技术状况的差异，同一路段不同隧道的养护等级也会有差异。

3.2 技术状况评定

3.2.1 本规范将隧道分为土建结构、机电设施、其他工程设施三部分。隧道技术状况评定包括：隧道土建结构、机电设施、其他工程设施和全隧评定，采用先分部再综合的办法对隧道进行技术状况评定。

首先需要依据第4~6章中关于隧道土建结构、机电设施、其他工程设施的技术状况评定方法分别对各分项进行评定，确定各分项的状况值，这是整个技术状况评定工作的关键和基础。然后按照给定方法依次计算土建结构、机电设施、其他工程设施的技术状况，最后确定全隧总体技术状况。

实践中有些隧道土建结构、机电设施、其他工程设施配备不全，在评定过程中需要注意相应缺项对评定结果的影响。

3.2.2 《公路技术状况评定标准》（JTG H20—2007）中将公路技术状况分为优、良、中、次、差5个等级，《公路养护技术规范》（JTG H10—2009）亦规定"公路养护质量的考核，应严格按照现行《公路技术状况评定标准》（JTG H20）规定执行"。路面、路基和桥梁养护相关规范已经采用了这一通行做法，而原《公路隧道养护技术规范》未采用。因此，本次修订在综合考虑隧道技术状况评定方法和通行做法的基础上，提出将公路隧道总体技术状况评定分为5类，并分别给出定性描述。

3.2.3 公路工程或公路桥梁在确定整体技术状况时，均采用各分项加权求和得到技术状况评分值，再根据分值界限确定技术状况等级的方法。本次修订对公路隧道总体技术状况评定方法开展了专题研究，提出了两种方法。其一是按照土建结构和机电设施两者中最差的技术状况类别作为总体技术状况类别的方法。其二是按照加权求和分值进行总体技术状况类别划分的定量计算划分方法，具体方案如下：

隧道总体技术状况评分值按式（3-1）计算。

$$CI = (JGCI \times W_{JG} + JDCI \times W_{JD} + QTCI \times W_{QT}) / \sum W \tag{3-1}$$

式中：CI——总体技术状况评分，值域为0~100分；

$JGCI$——土建结构技术状况评分，值域为0~100分；

$JDCI$——机电设施技术状况评分，值域为0~100分；

$QTCI$——其他工程设施技术状况评分，值域为0~100分；

W_{JG}——隧道结构在总体中的权重，按表3-2取值；

W_{JD}——机电设施在总体中的权重，按表3-2取值；

W_{QT}——其他工程设施在总体中的权重，按表 3-2 取值；
$\sum W$——总体技术状况评定时各项权重之和。

表 3-2　隧道总体技术状况评分权重值

项　目	权　重	
	高速公路、一级公路	二级及二级以下公路
土建结构	60	70
机电设施	35	25
其他工程设施	5	5

隧道总体技术状况评分式是按照分项值乘上其权重值得来的，并考虑在可能的缺项情况下，避免对权重值进行调整。考虑到机电设备和其他工程设施在不同等级公路上所占比重不同，即：高速公路隧道中，机电设施配置完善，其重要性和占比要大于二级及二级以下公路隧道，而且随着公路等级的降低，机电设施的占比也越低，因此表 3-2 按照高等级公路和二级公路分别给出了权重值。表 3-2 所列各项目的权重值，是通过对全国征集权重方案并经过统计分析后确定的。

表 3-3 给出了隧道总体技术状况评定分类界限值。

表 3-3　隧道总体技术状况评定分类界限值

技术状况评分	隧道总体技术状况类别				
	1 类	2 类	3 类	4 类	5 类
CI	≥90	≥80，<90	≥70，<80	≥60，<70	<60

但是考虑到隧道土建结构、机电设施和其他设施这三部分之间相互关系较弱，特别是土建结构和机电设施分属于土建结构和交通运营设施，如果按照加权求和分值进行技术状况类别划分，对各项权重和分界值确定均难以达到令人满意的结果。因此，通过征求行业意见，本规范选择按照最差部分的技术状况等级作为总体技术状况等级的方法。

3.2.4　本条描述了隧道技术状况评定工作流程。根据制订的隧道检查计划进行隧道现场检查，对各项检查指标的技术状况进行评定，并依据各检查指标的技术状况评定结果按照相关评定模型计算隧道土建结构、机电设施、其他工程设施的技术状况，最后进行全隧总体技术状况评定。完成评定后相关资料按规定归档。

4 土建结构

4.1 一般规定

4.1.1 土建结构主要是指构成公路隧道的土建工程结构物，如洞门、衬砌、路面、防排水设施、斜（竖）井、检修道、风道等结构物，以及与隧道安全关系紧密的围岩、洞口边仰坡等。

本规范对于土建结构养护工作内容增加了1项、修订了1项。增加了"日常巡查"。日常巡查在《公路养护技术规范》（JTG H10—2009）中有规定，这一工作不同于"结构检查"的经常检查，它主要是指在日常养护工作中，采取车行或步行的方式，通过目视对影响隧道通行和结构安全的异常事件进行巡视检查，其深度和广度都弱于经常检查，但其频率远高于经常检查。

将原规范中的"结构检查"修订为"结构检查与技术状况评定"。结构技术状况评定工作是紧接结构检查进行的，是当前公路隧道养护中的一项重点工作和难点工作，此处修订意在强调评定工作的重要性。

日常巡查是对公路隧道正常使用和安全通行进行的日常巡视检查工作。

清洁工作主要包括扫除隧道内垃圾、清除结构物脏污、清理（疏通）排水设施，以保持结构物外观的干净、整洁。

结构检查与技术状况评定的工作内容主要包括发现结构异常情况，系统掌握和评定结构技术状况，确定相应的养护对策或措施。

保养维修的工作内容主要包括预防性地对结构物进行维护，修复结构物轻微破损，以保持结构物的完好状态。

病害处治的内容包括修复破损结构，消除结构病害，恢复结构物设计标准，以维持结构物正常的技术功能状态。

4.3 清洁

4.3.1 一般来说，隧道交通量越大、污染越严重、结构物越易脏污，清洁周期越短；否则反之。相比其他公路结构物，隧道呈长管状，烟尘不易散发，因此其清洁周期相对要短一些。结构物的清洁养护通常都选择在交通量较小的时候进行，如假日、夜晚等，以尽量减少交通干扰，降低事故风险。

表4.3.1-1和表4.3.1-2按照养护等级不同，对各种结构的清洁维护频率进行了汇

总规定。一般情况下，将原规范高速公路的养护频率定义为高速公路"一级养护"的频率，是上限；将"二、三级养护"的频率在"一级养护"频率基础上进行适当放宽，以适应实际养护经验。将原规范其他公路的养护频率定义为其他公路"三级养护"的频率，是下限；将"一、二级养护"的频率在"三级养护"频率基础上进行适当提高，以满足实际养护质量要求。在以上原则基础上，通过全国各省（区、市）对具体频率的意见征集，统计分析后，给出了最终建议频率值。

4.3.2 为了保持路面干净整洁，提供安全舒适的通行环境，需要经常清洁路面。隧道内路面由于无雨水冲刷，较易脏污，而路面的整洁与隧道的服务质量密切相关，路面上的散落物对行车安全威胁极大，因此倾向于规定较短的清洁周期，可以采用清扫与清拣相结合的方式。

路面脏污部位是指如车道两侧、紧急停车带等。由于车道两侧容易积聚尘土，覆盖了分道标志标线、轮廓标志等，使其难以识别；而紧急停车带经常积聚尘土和散落物等，因此清扫时需特别留意。隧道内空间有限，要求迅速而有效地实施清扫作业，因此适宜以路面清扫车进行清洁。路面清扫车主要有刷式和真空式两种，刷式清扫车适用于沙土较多的路面，而真空式清扫车适用于要求高速作业的环境。根据国情，人工扫路还很普遍，先以扫帚清扫路面，然后用车辆出渣的情况在我国公路隧道路面的清扫中仍很常见。

加强对路侧边沟的清洁，避免垃圾堵塞隧道排水系统，造成水在路面漫流，影响行车安全。对散落路面的较大垃圾应及时清除。强调在交通量较大时，为确保安全，宜加强对隧道的安全巡查。

油类物质等化学品清除难度大，需要采取有效措施清除。

4.3.3 为了经常保持顶板和内装饰的外观整洁，维护舒适的通行环境，提高照明系统的功效，需要定期对顶板和内装饰进行清洁养护。

清洁的方式有湿法和干法两种。湿法清洁目前应用较广，但是需要设置清洗水沉淀池，将废水处理后排放；干法清洁无须处理废水，但产生大量的尘埃，恶化隧道环境，可能需要同时使用集尘装置或对通行车辆加以引导。表4-1简单列出了两种清洁方式的特点。

表4-1 湿法、干法清洁的特点

清洁方式	湿法清洁	干法清洁
设备	需设置废水沉淀池	设备相对简单
作业规模	较大	较小
对内装饰板的影响	刷的压力小于干式	清扫压力较大，可能损伤内装饰板
对通行车辆的影响	污水散流，但可控制，对交通有一定影响	清扫时产生大量尘埃，影响交通
清洁效果	较好	较差，飞散的尘埃可能再附着

在湿法清洁时，一些脏污仅用清水冲洗即可去除，而沉积的烟灰和油状的（燃烧）残留物，尤其是来自柴油发动机的油烟，可能需要使用清洁剂和清洁器具才能洗掉。采用中性清洁剂，减少对隧道内养护工作人员、结构和设施的危害。

此外，高压喷水枪也用于顶板和内装饰的清洁，以替代刷子。其方法是：先喷洒清洁剂溶液，待其与污垢发生反应后，再将清水在500~600Pa的压强下，由细小的喷嘴喷出，以其高压进行冲刷。

4.3.4 1 隧道排水设施需经常进行清理、疏通，以保持其良好的排水功能，确保水流畅通无阻，及时排泄隧道衬砌背后地下水、隧道内漏水、污水、汽车挟带水以及其他积水，防止积水影响行车、损害隧道结构或设施。

2 在雨季和冰冻季节，隧道排水设施容易堵塞，从而对行车安全造成威胁，严重时会诱发衬砌结构的破坏，因此需要加强对其的检查和疏通工作。

3 《公路隧道设计规范》（JTG D70—2004）规定：隧道纵坡不应小于0.3%。当坡度在0.3%~0.5%时，水流缓慢，杂物易淤积，水沟易被堵塞，因而需特别注意；隧道的洞口段容易积聚垃圾和各类杂物，导致边沟内淤积而影响排水。

4.3.5 标线和轮廓标清洁均纳入土建结构清洁范围，电光标志的清洁纳入机电设施清洁范围，其他标志清洁纳入土建结构清洁范围。近年来，隧道线形诱导标和轮廓标等的使用越来越广泛，为保持其外观的清晰、醒目，确保交通信息传递清楚无误，提高隧道安全性和节能性，需要清洗隧道内外的标志、标线和轮廓标。

4.3.6~4.3.7 原规范对隧道横通道、斜（竖）井、检修道及风道等辅助通道未作清洁维护规定。随着长大隧道的日益增多，为保证通道的正常使用，有必要对这些辅助通道作相应清洁规定。依据使用频繁程度和重要程度，对其清洁频率进行了规定。

4.4 结构检查

4.4.1 根据结构检查的目的、内容、方法等因素，将结构检查分为四类。

1 外观状况是指通过目视观察结构表面情况。"经常检查"与养护工作中常说的"日常巡查"有相同点也有不同点。实际工作中的"日常巡查"是一种养护管理手段，是养护人员采用车行或步行的方式对全线进行的安全目视检查，对于隧道重点检查洞口边仰坡失稳、衬砌破损、渗漏水、路面障碍物等可能妨碍交通安全和结构安全的异常情况。与"日常巡查"相比较，"经常检查"更细致，频率低一些。

3 自然灾害是指地震、山体滑坡或崩塌、泥石流、暴雨、山洪、暴风雪和雪崩等；交通事故是指擦挂、撞车（墙）、翻车、失火等；其他异常情况是指结构突发性的破坏、超限车辆通过等危及交通安全、结构设施安全的异常事件，如洞口落石、围岩坍塌、衬砌变形或塌落、路面沉陷、大量渗漏水、大量挂冰、严重冻害或者爆炸等。

4 通过其他途径是指通过具有类似情况的其他隧道而得知结构可能存在问题；破损或病害的详细情况是指其成因、范围、发展程度和状况，以及对结构物使用功能的影响等；更深入的专门检测是指专门的现场试验检测、验算及分析鉴定，以及相关资料的调查分析等。

4.4.2 本条按照养护等级不同，对结构经常检查频率进行了规定。当结构失稳风险较大、对行人和行车安全构成威胁时，应提高经常检查频率。恶劣气候条件也可能会加剧围岩和结构失稳风险，例如：特大暴雨可能引发衬砌背后水压力剧增，从而导致衬砌开裂、坍塌；极端低温可能引发洞口积雪、结构表面挂冰、路面结冰和衬砌背后冻胀等现象，均会危及行车安全和结构安全，所以也需要提高经常检查频率。

4.4.3 1 简单检查工具是指皮尺、钢卷尺、铁锤、手电筒和粉笔等常用的、易于携带的工具。经常检查结果应按照表4.4.3的规定，开展判定分类。
2 该判定方法继承了原规范的方法。破损状况三级判定分类是一种预先设定的对策，以便发现结构异常情况时能迅速作出反应，主要由负责隧道经常检查的人员执行，并进行破损状况判定。其工作流程如图4-1所示。表4.4.3中的洞口包括洞口防护设施、地面排水设施和减光设施等，吊顶包括机电设施悬吊结构，内装饰包括装饰板、镶面（表面处理）等。

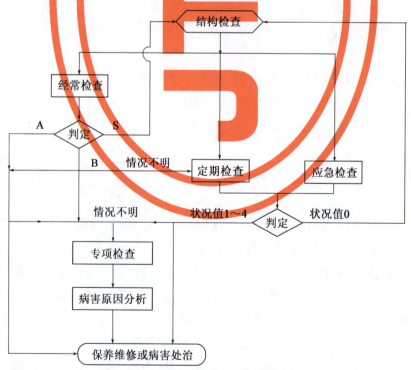

图4-1 土建结构检查工作流程图

注：可以用英文字母"S、B、A"分别代表判定结果"情况正常、一般异常、严重异常"。S-情况正常；B-一般异常，需进一步检查或观测/异常情况不明；A-严重异常，需要采取处理措施。

4.4.4 考虑国内公路隧道的技术水平、工程质量、隧道重要性以及技术状况等因素，确定定期检查的最大周期。重要结构分项是指隧道洞口、洞门、衬砌结构、路面和洞顶各种预埋件等。检查的时间一般选在春融期后或在汛期到来前后。对新建隧道的要求，是为了尽可能早期发现结构破损情况，为日后的养护维修提供基本技术资料。

4.4.5 为掌握土建结构功能状况，评定结构技术状况，更新技术档案资料，需要定期对土建结构进行全面检查。技术状况评定是指按照本规范第4.5节规定的方法对隧道土建结构物的完好程度、破损或病害情况、功能状况等进行评价。

1 为达到技术状况评定的定性与定量的要求，应提高定期检查的技术水平。必要的工具和设备主要指：

尺寸测量——卷尺、游标卡尺、水准仪、激光断面仪等；
裂缝检查——带刻度的放大镜、宽度测定尺、测针、标线、裂缝测宽测深仪等；
衬砌结构检查——锤子、回弹仪、超声波仪、地质雷达等；
漏水检查——pH试验纸、温度计等；
路面检查——摩擦系数测定仪、平整度仪等；
照明器具——卤素灯或目测灯、手电筒；
记录工具——隧道展示图纸、记录本、照相机或摄像机；
升降设备——可移动台架、升降台车。

此外，清扫用具、交通控制标志牌板等也是需要的。在条件允许时，养护单位使用车载式隧道快速扫描或摄像设备，能够提高检查精度和速度，也有利于检查结果的电子化存储和使用。

3 从隧道的一般断面来看，拱脚附近为非常薄弱的构造。在外部压力作用下，结构变形往往首先发生在这个部位，如基脚膨胀、路基下部冻胀、上拱、下沉等，于是出现路面裂缝、施工缝错裂等。在检查时，边沟内部的裂缝、边沟盖板的凹凸和倾斜、路面裂缝、接缝错裂等状况都要进行观察并记录于展示图上。

一般要求将裂缝绘入隧道展示图，标明裂缝的宽度、长度，为评价裂缝开裂程度及养护维修提供基本资料。

"隧道展示图"的正面为图（坐标纸），背面为文字记录，逐年记录以便把握病害发展规律，评价隧道安全程度。相比较而言，照片、摄像和扫描能更客观、准确地记录结构实际状况，有助于正确判定结构技术状况，应积极采用。近年来，隧道车载连续摄像技术和激光扫描技术已有发展，在国内外均已有成功应用的专业装备。

4~5 定期检查报告综合了各个结构物的检查结果，对土建结构的技术状况和使用功能作出评价，并根据检查中发现的问题，对养护工作提出改进建议或措施；对于异常原因不明时，应提出专项检查的建议，内容包括专项检查的原因、项目、目的、要求等；对于已确定的结构病害，应提出采取处治措施的建议，内容包括实施处治的原因、项目、处治措施、所需的工程费用以及实施时间等。

4.4.6 应急检查的方法与定期检查基本相同，携带必要的仪器和设备；检查的内容比定期检查有所侧重，主要针对异常事件的影响而展开；检查的目的是了解异常事件对结构的影响，掌握结构受损情况，确保人员、车辆、结构和设施的安全，是特别情况下的检查，需尽快实施。检查结果异常时，应进行专项检查。

4.4.7 1 由于某些检测需要专业的检测手段和设备，一般情况下需要委托专业的检测机构实施检查。此外，当一次检查不足以提供详细资料时，还需进行连续的或长期的检查。

专项检查的项目通常由经常检查、定期检查或应急检查报告提出，并由此确定专项检查的内容和要求等，一般可按表4.4.7的内容选择实施。

2 资料调查和隧道周围地质及地表环境调查是专项检查的重要内容，以充分掌握相关的技术信息，寻找土建结构发展变化的原因，探索其规律，确保专项检查结果的准确性。

（1）资料调查

资料调查一般要收集以下资料：

①设计文件（包括隧道长度、洞门形式、断面形状、衬砌厚度、材料、埋置深度、支护、衬砌等）和地质调查报告；

②施工方法（包括主要开挖方法、特殊施工方法、围岩变化记录、各种试验报告、测量报告等）及相关施工记录；

③交竣工验收资料、施工过程中质量检测资料；

④检查记录（包括断面净空检查报告等）；

⑤衬砌修复加固记录、漏水处治施工记录、路面变形记录（含维修记录）、气温及降雨量记录、洞口明挖段遭受自然灾害记录等；

⑥裂缝、剥落、错位、漏水等破损或病害的现场检查记录。

（2）隧道地质及地表环境调查

①地表环境调查：隧道附近山体可能出现坡面排水不畅、坑凼积水、山体裂缝、溶洞发展、山体失稳滑动等，其原因可能是隧道处在滑坡区内或其边缘；隧道处在断裂岩层或其附近；岩石节理发育，支离破碎；山体植被破坏，水土流失以及溶洞发展等。通过了解隧道外地表状况，可有助于分析隧道内发生的异常情况。检查时，可对隧道周围的地形、地貌、地表开裂、塌陷、林木状况等予以注意，如图4-2所示。

②围岩异常调查：主要针对围岩内部变化进行检测，目的在于监视围岩变形，发现结构变化的原因，监视临近工程的影响或对策处治时围岩或衬砌的变化。通常在围岩内设置位移计或倾斜计，测定轴向变形或垂直轴向的变形。地表的变形则可通过地面位移计测量。

a. 围岩变形调查：将围岩变形计插入钻孔中，计量围岩任意点间的变化。围岩变形调查用于确认偏压的有无、岩体松动范围、监视临近工程的影响、处治施工时的监视和效果判断等。

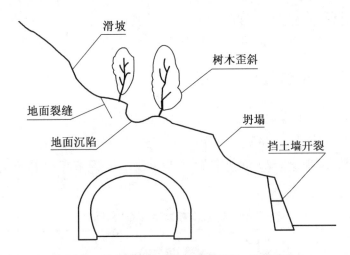

图 4-2　隧道外地表环境的异常情况（概念图）

　　b. 围岩倾斜调查：将倾斜计插入钻孔中，测量围岩水平方向的变形。

　　c. 地表滑移调查：在地面位移异常的区域内外，分别设置移动桩和固定桩，在固定桩上安装地面位移计，以殷钢线与移动桩相连，将地面的滑移通过钢线长度变化反映出来。

　　3　近年来，公路隧道病害日益凸显，特别是在一些严重不良地质地段、重大结构病害或隐患处，易发生结构失稳、突泥涌水等事故，造成极大的经济和生命损失，社会影响极大。因此，为加强对这些特殊部位的监控和管理，宜建立长期观测系统，对其变形、受力和地下水状态进行观测。

　　4　专项检查的报告形式不作具体规定，根据实际检查内容撰写，但应符合工程技术档案管理的有关要求。

4.5　土建结构技术状况评定

　　4.5.1　公路隧道属于地下工程，病害产生、发展原因多样，存在病害时结构技术状况评定需要较为丰富的知识和经验。评定时应根据结构类型、病害形式、部位、状态以及发展趋势等因素进行综合分析，对比做出判断。

　　土建结构定期检查和应急检查采用了更为全面专业的检查设备，对隧道进行了更为细致全面的检查，对检查结果应进行技术状况评定。评定工作应作为定期检查的工作内容之一，可由负责定期检查者完成。

　　专项检查往往是在经常性、定期和应急检查基础上，对于需要进一步查明破损或病害的详细情况和产生原因而进行的更深入的专门检测，其目的是为制订病害处治方案提供基础资料，更多情况是针对破损或病害局部开展的检查。因此，专项检查不适合上述的技术状况评定，但可以对所检局部的分项进行状况值评定。

　　4.5.2　土建结构技术状况评定方法是在继承原规范判定方法的基础上，同时参考《公路技术状况评定标准》（JTG/T H20—2007）、《公路桥涵养护规范》（JTG/T H11—2004）、

《公路桥梁技术状况评定标准》（JTG/T H21—2011）以及日本和我国台湾省隧道技术状况评定方法而建立的。具体采用考虑各分项权重，以及破损程度、破损发展趋势、对行车和结构安全影响等相关因素的量化评定方法。

4.5.3 各分项技术状况评定状况值是在继承原规范关于专项检查判定依据的基础上，吸取国内外相关规范的成果，从定量和定性的角度，并考虑破损对行车安全和结构功能的影响程度、破损发展变化趋势而制定的。表4-2是原规范条文说明中给出的土建结构技术状况评定标准。

表4-2 土建结构技术状况评定标准表

状况值	评定因素			
	缺损程度	发展趋势	对行人、车辆安全的影响	对隧道结构安全的影响
0	无或非常轻微	无	无影响	无影响
1	轻微	趋于稳定	目前尚无影响	目前尚无影响
2	中等	较慢	将来会影响行人、车辆安全	将来会影响隧道结构安全
3	较严重	较快	已经妨害行人、车辆安全	已经影响隧道结构安全
4	严重	迅速	严重影响行人、车辆安全	严重影响隧道结构安全

衬砌是公路隧道中关系到结构安全和行人、行车安全最重要的土建结构，附录表B-3和表B-4给出了衬砌破损、渗漏水评定定性标准。

（1）外荷载作用所致

①衬砌的变形、移动、沉降一般为逐渐变化，在地震、滑坡、暴雨后可能发生明显的变化。在北方寒冷地区，结构由于冻胀而变形，并随季节的循环而反复发生。

洞口附近的覆盖层厚度较薄，结构的变形、移动、沉降即使不大，也可能导致斜坡不稳、拱背产生空洞和漏水增加等，检查时需充分注意。当断面变形时，一般是路面、边沟等处首先发生变化，因此检查时需特别留意这些地方。国内外在技术状况评定时，外荷载作用所致变形也有定量评定标准，见表4-3。

表4-3 基于变形速度的评定标准

结 构	变形速度 v（mm/年）				评定状况值
	$v \geq 10$	$10 > v \geq 3$	$3 > v \geq 1$	$1 > v$	
衬砌	√				4
		√			3
			√		2
				√	1

注："√"表示相应情况下宜采取的判定分类，以下同此。

②对衬砌开裂等破损进行评定时，应考虑根据裂缝有无发展情况等因素。国内外对于衬砌开裂也有定量评定标准，见表4-4、表4-5。表中的裂缝主要以水平方向的裂缝或剪断裂缝为对象，对于横向裂缝，将评定状况值相应地降低1个等级即可。当宽为

0.3~0.5mm 以上的裂缝，其分布密度大于 200cm/m² 时，可升高 1 个评定等级或者采用判定分类中较高的判定。

此外，当裂缝众多时，宜将宽度最大的裂缝作为主要检查对象。

表 4-4　当裂缝存在发展时的评定标准

结　构	裂缝宽度 b（mm）		裂缝长度 l（m）		评定状况值
	$b>3$	$b\leqslant 3$	$l>5$	$l\leqslant 5$	
衬砌	√		√		3/4
	√			√	2/3
		√	√		2
		√		√	2

表 4-5　当无法确定裂缝是否存在发展时的评定标准

结　构	裂缝宽度 b（mm）			裂缝长度 l（m）			评定状况值
	$b>5$	$5\geqslant b>3$	$3\geqslant b$	$l>10$	$10\geqslant l>5$	$5\geqslant l$	
衬砌	√			√			3/4
	√				√		2/3
	√					√	2/3
		√		√			3
		√			√		2/3
		√				√	2
			√			√	1/2

③对于衬砌起层、剥落等破损的评定，国内外也有定性评定标准，见表 4-6。

表 4-6　衬砌起层、剥落的评定标准

结　构	部　位	掉落的可能性		判　定
		有	无	
衬砌	拱部	√		4
			√	1
	侧墙	√		3
			√	1

对于混凝土衬砌的起层、剥落，如果可能落下，则在拱部评定为 4，在侧墙评定为 3；对于防水砂浆等材料的掉落，由于剥落层较薄，可降低 1 个评定状况值。

④关于突发性坍塌，根据国外资料显示，当拱背存在高 30cm 以上的空洞且有效衬砌厚度小于 30cm 时，空腔落石就可能砸坏衬砌结构，国内外均有过类似事例。因此，发现类似情况时，可按 3/4 状况值评定。尤其是曾经发生坍方的地方或节理发育、漏水严重的地段，尤其应给予充分的注意。

（2）对衬砌材质劣化等破损的检查，主要从结构物的功能和行车安全性的角度进行评定。因此，以衬砌混凝土的强度要求和混凝土剥落的有无作为评定因素。对于钢筋混凝土结构物等，还应从钢材腐蚀的角度进行附加评定。对于衬砌混凝土的起层、剥落，从确保行车安全的角度看，其评定标准与外荷载作用时的评定标准一致。材质劣化的速度，除火灾等异常情况外，与外荷载作用产生的变化相比，一般比较缓慢，通过采取适当的措施，有可能防止或抑制劣化的发展。国内外对此也有定性和定量评定标准，见表4-7、表4-8。

表4-7 衬砌断面强度降低、起层和剥落的评定标准

结构	主要原因	起层和剥落的可能性		劣化程度			评定状况值
				有效厚度/设计厚度			
		有	无	< 1/2	1/2 ~ 2/3	> 2/3	
拱部	劣化、冻害、设计或施工不当等	√					4
			√				1
				√			3
					√		2
						√	1
侧墙		√					3
			√				1
				√			3
					√		2
						√	1

表4-8 钢材腐蚀的评定标准

结构	主要原因	腐蚀程度	评定状况值
衬砌	盐害、渗漏水、酸（碱）化等	表面或小面积的腐蚀	1
		浅孔蚀或钢筋全周生锈	2
		钢材断面减小程度明显，钢结构功能受损	3

衬砌断面强度的变化以有效衬砌厚度和设计衬砌厚度之比来表示。所谓有效厚度，是指混凝土强度不小于设计标准强度的衬砌的厚度，当不了解设计标准强度时，可取15MPa（150kgf/cm^2）为标准。例如，设计衬砌厚度为50cm，实际衬砌厚度为60cm，其中低于设计标准强度的部分厚度为20cm，有效厚度就为40cm，则衬砌劣化程度就是40/50，尚有2/3以上部分是符合设计要求的。实际的衬砌有效厚度必须确保30cm，如小于30cm即可考虑评定状况值为2/3，再考虑其他有关因素综合判定。

（3）对于裂缝或施工缝漏水，一般无须采取紧急措施的居多。当漏水与冻害或盐害以及其他病害结合时，可能会促使衬砌材质劣化、混凝土腐蚀等，对此需引起注意。国内外对此也有定性评定标准，见表4-9。

漏水范围扩大和漏水量增加可能与拱背岩体松动和降水量增加有关。前者可能由于岩体松动，产生新的水流通路，使漏水范围扩大；后者可能由于降水量增加，渗入地

下，致使地下水量增大而致。

表 4-9 渗漏水的评定标准

结构	主要异况	漏水程度				是否影响行车		评定状况值
		喷射	涌流	滴漏	浸渗	是	否	
拱部	漏水	√				√		4
			√			√		3
				√		√		2
					√		√	1
	挂冰					√		3
							√	1
侧墙	漏水	√				√		3
			√			√		2
				√		√		2
					√		√	1
	冰柱					√		3
							√	1
路面	沙土流出					√		3/4
							√	1
	积水					√		3/4
							√	1
	结冰					√		3/4
							√	1

路面积水不仅影响车辆行驶，积水渗入路基会降低其强度，破坏铺砌部分。在寒冷地区，积水结冰，严重影响行车。因此，应经常保持排水畅通。

4.5.4 2 隧道分项检查结果应按照隧道病害最严重段落的分段评价结果选取。分项的分段方法依据分项各自特点确定，例如：洞口分项按照洞口数量分段，分进口和出口分别进行评价；衬砌分项按照长度分段，一般单位长度可取模板长度，或者取 10～100m 之间的某值；车行和人行横通道可以作为主洞衬砌的一个评定单元，纳入衬砌评定。

3 在技术状况评定时，依据各分项的重要程度给予了不同的权重。本规范的权重值建议方案是通过全国征求意见后经统计分析后提出的。由于各地条件不一样，各地在制定地方公路隧道养护标准时，可采用专家评估法，根据实际情况调整。"吊顶及预埋件"中的预埋件是指悬挂风机、灯具和线缆等设备的预埋件，其损坏可能导致设备掉落，直接危及行车安全或结构安全。

4 鉴于现行的公路隧道病害评价方法为 S/B/A/2A/3A，与桥涵评价分级数量相同，但是不便于理解。本次评价方法参照《公路养护技术规范》（JTG H10—2009）、《公路桥涵养护规范》（JTG H11—2004），将土建结构技术状况评定分为5类。现有隧道土建结构技术状况分类界限值（表4.5.4-2）是根据大量隧道定期检查和专项检查报告，通过专家经验评定分类与 JGCI 计算分类进行统计分析综合确定的。

5 对4、5类隧道的技术状况附加条件是基于保护结构安全和交通安全而制定的。当重要项目评定状况值达到3时，整座隧道评为4类；当重要项目评定状况值达到4时，整座隧道评为5类。

4.7 病害处治

4.7.1 病害处治主要技术工作程序包括：检查、评定、设计、施工和验收。

1 检查评定工作的重点是对结构各分项分段检查、分析病害产生原因，为处治设计提供依据。

2 选定病害处治方法，重要的是要正确把握病害产生的原因。为了找出病害的原因，有必要将有关隧道设计和施工技术资料、地质资料和病害发生至今的过程作综合分析和研究。隧道病害的原因大体分类如下：

（1）松弛土压（含突发性崩溃）；
（2）偏压；
（3）地层滑坡；
（4）膨胀性土压；
（5）承载力不足；
（6）静水压；
（7）冻胀力；
（8）材质劣化；
（9）渗漏水；
（10）衬砌背面空隙；
（11）衬砌厚度不足；
（12）无仰拱。

上述病害原因很少单独出现，大部分为几种原因重复出现，设计的欠缺、材料性质和施工不当，常常会引起病害。

在选定病害处治方法时，对表4-10中各项处治方法要进行**综合研究**，充分考虑到单项和组合的处治方法，并且应考虑到施工时的交通管理、安全和工期。

3 病害隧道往往存在结构失稳风险，对施工人员和行人、行车安全均有威胁，因此有必要将风险管理引入病害处治工程中，并制订专门的应急预案。

4.7.2 3 病害处治工程依然是一种隧道工程，鉴于隧道工程的复杂性和不可预知性，其处治依然应遵循信息化设计和动态施工的思想和原则。

表 4-10 病害处治方法选择表

处治方法	松弛压力	偏压	地层滑坡	膨胀性土压	承载力不足	静水压	冻胀力	材料劣化	渗漏水	衬砌背面空隙	衬砌厚度不足	无仰拱	病害现象特征	预期效果
衬砌背后注浆	★	★	★	★	★	★	★			★			①衬砌裂纹、剥离、剥落;②支护结构有脱空	初期支护与岩体、二次衬砌与初期支护紧密结合,荷载作用均匀,衬砌和围岩稳定
防护网								★					①衬砌裂纹、剥离、剥落;②衬砌材料劣化	防止衬砌局部劣化
喷射混凝土	○	☆		☆	☆	○	○	☆	○		☆		①衬砌裂纹、剥离、剥落;②衬砌材料劣化	防止衬砌局部劣化
施作钢带		☆		★	★	○	★	○	○		☆		①衬砌裂纹、剥离、剥落;②衬砌材料劣化	防止衬砌局部劣化
锚杆加固	☆	★	☆	★	★	○	☆				☆	★	①拱部混凝土和侧壁混凝土裂纹、侧壁混凝土挤出;②路面裂缝,路基漏水大量沙土	①岩体改善后岩体稳定性提高,防止松弛压力扩大;②通过施加预应力,提高承受膨胀性土压和偏压的强度
排水止水	○	★	☆	○	○	★	★	○	★		☆		①衬砌裂纹,或施工缝漏水增加;②随衬砌内漏水流出大量沙土	①防止衬砌劣化,保持美观;②恢复排水系统功能,降低水压
凿槽嵌补或直接增设钢拱	★	★	☆	★	★	★	★	○		☆			①衬砌裂纹、剥离、剥落;②衬砌材料劣化	增加衬砌刚度,衬砌抗剪、抗压强度得到提高
套拱	○	☆	☆	☆	☆	○	○	☆			★		①衬砌裂纹、剥离、剥落;②衬砌材质劣化	由于衬砌厚度增加,衬砌抗剪强度得到提高

续表4-10

处治方法	病害原因											病害现象特征	预期效果
	外力引起的变化							材料劣化	渗漏水	其他			
	松弛压力	偏压	地层滑坡	膨胀性土压	承载力不足	静水压力	冻胀力			衬砌背面空隙	衬砌厚度不足		
隔热保温							★					①拱部混凝土和侧壁混凝土裂缝,侧壁混凝土挤出;②随季节变化而变动	①由于解冻,防止衬砌劣化;②防止冻胀压力的产生
滑坡整治			★									①衬砌裂缝,净空宽度缩小;②路面裂缝,路基膨胀	防止冻胀岩层滑坡
围岩压浆	○	○	★			○	○	○				①拱部混凝土和侧壁混凝土裂缝,侧壁混凝土挤出;②路面裂缝,路基膨胀	周边岩体改善,提高了岩体的抗剪强度和黏结力
灌浆锚固	☆	★	★	★	★	★	○	○				①拱部混凝土和侧壁混凝土裂缝,侧壁混凝土挤出;②路面裂缝,路基膨胀	由于施加预应力,提高膨胀性岩层、偏压岩层的强度
隧底加固		★	☆	★	☆	○	☆			○		①拱部混凝土和侧壁混凝土裂缝,侧壁混凝土挤出;②路面裂缝,路基膨胀	提高对膨胀围岩压力和偏压围岩压力的抵抗力
更换衬砌	☆	☆	☆	☆	☆	○	○	★	☆	☆	★	①拱部混凝土和侧壁混凝土裂缝,侧壁混凝土挤出;②路面裂缝,路基膨胀	更换衬砌,提高耐久性

注:1. 符号说明:★—对病害处治非常有效的方法;○—对病害处治较有效的方法;☆—对病害处治有些效果的方法。
2. 松弛压力中包括突发性崩溃。

4 运营隧道病害处治施工不可避免会对行人和行车造成干扰，因此在制订处治方案和措施时，应以保证运营和施工安全为前提，尽量减少施工与行车的相互影响，制订可靠的安全措施和周密的交通组织设计，确保行车和施工人员的安全。

5 公路隧道是土建结构和机电设施的集合体，在制订处治方案和措施时，应尽量减少施工对机电设施的影响，在施工完毕后应恢复机电设施、排水设施及附属设施。

5 机电设施

5.1 一般规定

5.1.1 机电设施主要是指为隧道运行服务的相关设施，包括供配电设施、照明设施、通风设施、消防设施、监控与通信设施等。

本规范将机电设施养护工作分为日常巡查、清洁维护、机电设施检修与评定、专项工程四个组成部分，与此相协调，原规范中的"应急检查"、"经常性检修"和"定期检修"统一到"机电设施检修与评定"中，即：机电设施检修与评定包括经常检修、定期检修和应急检修三部分。根据目前机电设施养护工作内容，新增"专项工程"养护工作。鉴于实际养护工作中"分解性检修"很难实施，本次规范取消了"分解性检修"相关要求，其内容统一到"专项工程"中。

机电设施养护周期对不同设备或同一设备不同部位应有不同要求，本规范养护周期通过调研在重庆、云南、陕西、福建、四川、浙江、广东、山西、北京、辽宁等地隧道养护部门意见的基础上制定。

专项工程是指对机电设施进行维修以满足原有技术标准。

5.1.3 机电设施产品说明书对产品使用、保养有较严格的规定，是养护的重要资料。有关规范是指除一般技术规范外，包括机电招标文件及相应技术规范等。这些规范一般对各种机电设施的主要技术指标均有具体要求。

5.1.6 对高速公路隧道提出采用高空作业车进行洞内空中作业的要求，主要是从养护安全及提高养护效率出发制定的；其他各级公路隧道没有强制要求，主要考虑到各地经济发展不平衡，养护手段差异较大的现实。

5.2 日常巡查

5.2.1 3 通风设施日常检查的主要目的在于通过易观察和感觉到的现象，及时发现并排除故障。

5.3 清洁维护

5.3.1 一般说来，隧道交通量越大、污染越严重、机电设施越易脏污，清洁周期越短；否则反之。相比其他公路结构物，隧道呈长管状，烟尘不易散发，因此其清洁周期相对要短一些。

本条是按照养护等级不同，对各种机电设施的清洁维护频率进行了汇总规定。一级和三级频率值参考了原规范清洁频率的上、下限值和重庆、云南、陕西、福建、四川、浙江、广东、山西、北京、辽宁等地隧道养护部门意见的基础上制定，二级介于一级和三级之间，给出了一个可供选择的清洁维护频率范围。

机电设施的清洁维护如对交通有影响，则应选择在交通量较小时进行，如假日、夜晚等，以尽量减少交通干扰，降低事故风险。

5.3.2 清洁的方式有湿法和干法两种。湿法清洁主要采用清水清洗，干法清洁则无须使用水，但产生大量的尘埃，恶化隧道环境，可能需要同时使用集尘装置或对通行车辆加以引导。

在湿法清洁时，一些脏污仅用清水清洗即可去除，而沉积的烟灰和油状的（燃烧）残留物，尤其是来自柴油发动机的油烟，可能需要使用清洁剂和清洁器具才能洗掉。

5.3.4 配变电所的电力设备包括高压开关柜、低压开关柜、电力变压器、电力电容器柜、自备发电设备等。

电光标志包括紧急电话标志、消防设备指示标志、人行横通道指示标志、车行横通道指示标志、疏散指示标志、紧急停车带标志、公告信息标志等用电发光标志。

5.4 供配电设施检修

5.4.1 供配电设施包括高低压成套开关柜、箱式变电站、配电箱、电力电缆、综合微机保护装置、电源设备、各种金属构件等各种为隧道用电设施服务的供配电及辅助设施。

各种较大型的供配电设施都备有较完善的保修规程，是养护工作的重要资料，一般可作为重要的技术档案加以保存。供配电设施养护人员应持有特殊工种上岗证，并配备专门的电工检修工具，是因为高低压电器的维护专业性强，稍有不慎就容易导致伤亡事故并对设施造成危害。

表5.4.1列出的供配电设施经常检修、定期检修内容及周期主要结合我国国情，在征求重庆、云南、陕西、福建、四川、浙江、广东、山西、北京、辽宁等地隧道养护实际工作和养护部门意见的基础上确定。

5.4.3 供电线路养护的内容没有具体列出，主要是供电线路一般由供电部门养护，并有较完善的规定。

5.4.4 本条规定是为了保证作业人员和设备的安全。

5.5 照明设施检修

5.5.1 照明设施包括灯具、洞外路灯、照明线路及配套设施等为隧道运营提供照明服务的设施。照明配电及控制箱纳入供配电设施，未包含在隧道照明设施中。

表5.5.1 所列照明设施经常检修、定期检修内容及周期主要结合我国国情，在征求重庆、云南、陕西、福建、四川、浙江、广东、山西、北京、辽宁等地隧道养护实际工作和养护部门意见的基础上确定。

5.6 通风设施检修

5.6.1 通风设施包括射流风机、轴流风机、离心风机及其配套设施等为隧道运营提供通风换气服务的设施。

通风设施目前主要有射流风机、轴流风机及其配套设施，离心风机暂未使用，但有可能在今后的工程中使用，故也列出。通风启动及控制箱纳入供配电设施。

表5.6.1 列出的通风设施的经常检修、定期检修内容及周期主要结合我国国情，在调研重庆、云南、陕西、福建、四川、浙江、广东、山西、北京、辽宁等地隧道养护实际工作结合养护部门和通风机厂技术人员意见的基础上确定。

5.6.4 对通风设施量较大的隧道配备风压计、风速计、声级计等测试设备是必要的，而设施量较小的隧道可以委托专门的测试单位进行测试。

5.7 消防设施检修

5.7.1 消防设施是指用于预防隧道火灾和进行必要救援的设施，包括火灾报警设施、灭火设施、电光标志等。

表5.7.1 列出的消防设施经常检修、定期检修内容及周期主要结合我国国情，在征求重庆、云南、陕西、福建、四川、浙江、广东、山西、北京、辽宁等地隧道养护实际工作和养护部门意见的基础上确定。消防设施检修期间应有相应的防灾措施，主要针对设备检修时防灾能力下降提出，其具体做法主要是进行必要的交通管制。

5.8 监控与通信设施检修

5.8.1 监控与通信设施包括亮度检测器、能见度检测器、CO 检测器、风速风向检测器、车辆检测器、闭路电视监控系统、紧急电话及广播、车道控制标志、信息处理设施以及监控软件等监视隧道运营状态、设备运转情况及控制相关设备运转的各种设施。监控与通信设施的内容较多，本规范只列出了主要隧道监控与通信设施及辅助设施。

表 5.8.1 列出的监控与通信设施经常检修、定期检修内容及周期主要结合我国国情，在征求重庆、云南、陕西、福建、四川、浙江、广东、山西、北京、辽宁等地隧道养护实际工作和养护部门意见的基础上确定。

5.8.2 监控软件的系统维护是指对控制软件进行的全面运行检测，对保证营运安全、经济十分重要。

5.9 机电设施技术状况评定

5.9.1 机电设施技术状况评定用于确定各类机电设施目前的运行状况，为针对性的保养检修提供对策和依据。

5.9.2 由于公路隧道机电设施种类和项目较多，各项目较为独立且相互关联性较低，所以有必要根据机电设施各项目的权重，对机电设施总体技术状况进行评定。

5.9.3 设备完好率是反映企业设备技术状况和评价设备管理工作水平的一个重要指标。其作为我国企业设备管理工作中一项重要的设备技术状况考核指标已经使用多年，对保证设备良好运行状态和企业生产的正常进行发挥了重要作用。交通行业各级管养单位经过多年运行和实践，已能熟练应用设备完好率进行机电设施技术状况评定，同时设备完好率也可以便捷地通过隧道或路段的监控中心进行及时的统计，所以机电设施各项目技术状况评定应采用设备完好率进行考核。

反映设备管理工作水平的指标还有故障率等其他考核指标，但该类指标仅能反映评价设备某时点的设备技术状况。以月度考核为例，按每月末最后一天设备故障情况考核，其反映了考核当天的设备故障情况，不能真实反映出整个考核期内的设备技术情况，因此不太适合作为公路隧道机电设施技术状况的评定方法。

设备完好率计算中的"日历天数"是指养护工作考核周期，例如以年为考核周期，则日历天数为 365 天。

5.9.4 1 表 5.9.4 中的具体数值均是通过大量隧道机电设施完好率统计并结合专家评定初步取得，并经计算和征求行业意见最终确定的。

2 机电设施的关键设备指表 5.4.1、表 5.5.1、表 5.6.1、表 5.7.1、表 5.8.1 中带"*"的设备。

5.9.5 本次修订提出的公路隧道机电设施技术状况评定方法是在参考现行国内公路和桥梁技术状况评定方法、日本和我国台湾省公路隧道检查评价方法基础上提出的。各项权重是通过征求行业意见统计确定的。

6 其他工程设施

6.1 一般规定

6.1.1 其他工程设施包括电缆沟、设备洞室、洞外联络通道、洞口限高门架、洞口环保景观设施、附属房屋设施等。其他工程设施的养护工作与隧道土建结构类似，参照土建结构划分养护工作。

日常巡查的目的是发现其他工程设施是否存在有碍交通的状况和设施本身是否存在明显异常。

为缓解视觉疲劳，在特长及超特长隧道内设置的人造绿化景观因样本数较少，本次规范修订时未包括该部分内容；景观主体结构参照洞口环保设施养护，灯饰景观参照洞内照明养护。

6.1.2 其他工程设施日常巡查、检查评定与隧道土建结构同步进行，可提高效率，减少对交通运营的干扰，便于对隧道总体技术状况等级进行评定。

6.1.3 有特殊要求的其他工程设施应按相关规定进行养护，主要指按国家制定的环保设施养护规定和民用房屋修缮工程施工规程所规定的养护内容进行养护维修；风机房、变电所、监控房的设备设施及附属房屋的水暖电养护要求专业性强，按专业要求进行养护。

6.3 清洁维护

6.3.1 清洁维护频率根据设施的重要程度，结合土建结构养护频率确定；风机房、变电所、监控房的机电设施有特殊要求，按相关规定确定清洁维护频率，相关规定主要指本规范第 5 章的有关规定。

6.3.2 电缆沟盖板的清洁维护纳入隧道土建结构"检修道"。

6.3.3 长及特长上下行分离双洞隧道，设置洞外联络通道以利于特殊情况下车辆渡线掉头，方便隧道维修、养护和应急救援，进行清洁维护以保证紧急情况下使用。

6.3.4 洞口限高门架属隧道限高设施之一，定期进行清洁维护以保持标志清晰，矫正门架变形以保证限高功能。

6.3.5 隧道进出口两侧 30～50m 范围内栽植高大乔木，尽可能形成洞内外光线的过渡段，以利于车辆的安全行驶。隧道洞口边仰坡绿化充分利用野生花草进行覆盖，并适当辅以人工栽植的树木，使洞口与周围自然景色融为一体。当隧道的边仰坡为土质时，一般采取网格绿化；对石质边仰坡，采用挂网种植绿化。树木与植被要加强抚育管理，做到及时检查、补植、浇水、除草、松土、施肥、修剪和防止病虫害。

6.3.6 雕塑、铭牌可美化洞口，是隧道的形象特征之一，宜定期进行清洁维护。

6.3.7 隧道内的噪声随交通量的增大而增大，在隧道内表面贴上吸音材料可减少噪声。
　　（1）吸音材料：玻璃棉、矿棉、无机纤维材料及其制成的板材。
　　（2）吸音结构：有膜共振吸音、板共振吸音、腔共振吸音。
　　（3）养护维修内容：主要是污秽的擦拭、损坏部位（件）的修补，修补宜用原材料。

6.3.8 减光设施是指为改善洞口环境亮度、景观而设置的遮光棚，主要有拱式和棚架式两种形式，其材料有钢筋混凝土、钢构件、其他轻型材料等。

6.3.9 污水处理设施的清洁维护工作主要是保证污水处理池与净化池不因泥沙、杂物沉积而容量不足。

6.3.10 根据《住宅建筑标准》使用与养护的规定确定房屋设施的清洁维护内容，包括地基基础、楼地面工程、墙台面及吊顶工程、门窗工程、屋面工程。
　　勒脚是建筑物外墙的墙脚，即建筑物的外墙与室外地面（散水）接触墙体部位的加厚部分。勒脚的作用是防止地面水的侵蚀，保护墙面。保证勒脚完好无损，可有效防止地基、墙面受损，保证室内干燥，提高建筑物的耐久性。

6.4 检查评定

6.4.1 其他工程设施一般不进行应急或专项检查，设备洞室渗漏水可在土建结构专项检查时检查，原因复杂的房屋地基基础沉降、变形等异常，根据需要进行应急或专项检查。

6.4.4 洞外联络通道路面技术状况评定标准参照洞内路面制定，房屋设施技术状况评定标准参照《房屋完损等级评定标准》制定。

6.4.5 例如附属房屋设施技术状况评定时，对地面风机房、变电所房、监控房、水泵房及辅助生产生活用房等逐处评定，以状况值最高的一处作为附属房屋分项设施状况值纳入其他工程设施技术状况综合评分计算公式。

6.5 保养维修

6.5.2 洞口限高门架与减光设施的保养维修主要指主体结构的破损修复，保证其使用功能。

6.5.3 清洗隧道和消防产生的污水，含有大量的有毒有害物质，需经过污水处理设施处理达标后才能向外排放，避免对隧道周围环境造成污染。因此要求污水处理设施应处于完好的工作状态，如发生损坏或渗漏，要查明原因，找出渗漏部位，进行维修。

6.5.4 相关规范主要指《公路养护技术规范》（JTG H10）及路基、路面养护施工等技术规范。

6.5.5 1 根据房屋不同的防水等级和使用要求，以及屋面渗漏的现象和原因，在修缮前应查清渗漏水的部位，找准漏点。屋面防水层的检查方法，一般多以目视直观查看为主，必要时可采用取样的方法。这种方法通常是在特殊情况下才能采取的。为了避免因破坏防水层而引起更严重的渗漏，一般不采用取样方法。

修缮采用的防水材料，除了应用本身材料外，还可以采用其他类型材料复合使用，其耐用年限需考虑防水层剩余的耐用年限。

检查屋面工程修缮后有无渗漏现象，除雨天观察外，还可采用浇水或蓄水的方法检查，出现渗漏水的部位需重做防水层。

墙体渗漏修缮工程现场查勘应结合墙体结构、材料性能和使用情况综合考虑，查清造成渗漏的原因，制订有效的修缮方案。墙体渗漏修缮后，除应进行冲水检验外，还需经一年的观察，在一年中，经冬、夏交融和雨季的考验，最后做出评价。

5 修换防雷接地装置前，应对接地极进行必要的测试，以确定接地电阻是否符合有关规范的规定，再进行检查和修换。对接地电阻不合格、部分锈蚀但不严重的，采用增补接地极的方法；对开焊断裂的经修换后，进行除锈刷防锈油测试合格的，继续使用。

对防雷网（带）、引下线等有开焊变形的应修复。为防止接地装置腐蚀，所有材料宜用镀锌件。

6 房屋的防冻保温设施包括：采暖管道、采暖设备（散热器、阀门）。

7 安全管理

7.1 一般规定

7.1.4 根据《公路安全保护条例》，规定了隧道上方和洞外 100m 范围内禁止的行为。

7.2 养护作业的安全管理

7.2.1 养护作业现场应尽量少占空间，主要是防止营运车辆对作业现场造成擦挂，如果留下的空间太小，也会影响营运安全。

7.2.3 隧道养护作业的交通组织方式分为占道施工、单洞封闭施工、单洞通行（单道双通）、绕行等。

7.2.7 3 本款所指烟雾还包括 CO_2、瓦斯等对人体有伤害或易燃的气体。

7.2.8 3 本款所指照明的要求是指要满足施工要求的亮度，同时使施工路段更加醒目，又不能对过往车辆产生眩光，造成安全隐患。

4 本款所指空气质量是指施工产生的烟尘、废气等对洞内空气污染不致影响施工要求。

7.3 突发事件的安全管理

7.3.1 隧道内突发事件包括由交通事故、隧道坍塌、涌水、泥石流涌入、地震等自然灾害、危化品泄漏或爆炸、火灾等妨碍通行的事件。

7.3.2 救援设施主要指消防车、救援车、消防摩托车等移动的救援设施、设备。

7.3.3 突发事件的应急预案的内容包括发生突发事件时隧道管理单位及相关部门在不同情况下的职责，比如由谁统一指挥，由谁组织义务救援、抢险行动、人员救护，由谁控制和组织交通，由谁联络相关部门，由谁发布信息以及在事件发生后由谁对损失进行记录和原因分析等。各岗位人员在通过预案演习后，才能冷静、有效地应对在发生事件时的复杂情况，从而尽力防止事故的扩大和次生事故的发生，减少事故带来的损失。通过对预案的演练及时修订预案。

7.3.4 实地演习是为了在隧道内发生意外交通事故或火灾事故时作出最快、最适当的反应，以降低意外事故对隧道造成的损失，同时检验预案的有效性和适用性，进而对预案进行必要的更具适应性的修正。但由于组织实地演练的难度和影响均较大，因此还可以采用沙盘演练和答题演练等形式。多座隧道是指 2 座以上（含 2 座）隧道。实地演练可以根据管养单位的管理范围按区域或按线路组织，演练人员可以由管理人员和当地路政、交警、消防、医疗等人员组成。有特殊要求的隧道，譬如秦岭终南山隧道，还可以设置专门的救援队伍，并配备消防车、消防摩托车、吊车、指挥车及足够的灭火器等装备。